_____ 님께

나만의 브랜드 대통령 건배사가 건배의 달인으로 만들고 대한민국
술자리 문화를 재미있고 품격 있게 바꾸어 놓을 것입니다.
꿈과 행복과 성공이 가득하기를 기원합니다.

_____ 드림

대한민국 술자리
건배의 달인 교과서

# 대통령 건배사

# 차례

## INTRO

\# 대통령 건배사로 분위기를 즐기자! • 9
\# 일반 건배사 요령 • 13
\# 나만의 명품 브랜드 '유머 건배사' 요령 • 16

## PART 1 위하여 건배사 [초보] • 19

## PART 2 삼행시 건배사 [중수] • 21

1. 최신형 퓨전 건배사 • 22
2. 심플 삼행시 건배사 • 30

## PART 3 스토리 건배사 [고수] • 41

사랑으로 감싸주자 • 42
손수건같이! 따끈따끈! 42 멀리가려면! 함께 가자! 43
우리의 우정 앗 뜨거! 44 손에 손잡고 함께 가자! 45
이게 술이여? 아니여! 그럼 뭐여? 정이여!! 46 반갑다 친구야! 47
1박 2일! 48 우리모두 통통통! 49 화향백리 주향천리 인향만리! 50

## 열정으로 불태우자 • 51

뜨겁게 사랑하자 오래오래! 51  무한! 도전! 52  당신은 나의 배터리! 53
최고의 이 순간을 사랑하자 54  열심히 일한 당신! 즐겨라! 55
Yes, we can! 56  지금부터 시작이다! 57  우리의 한계를 뛰어넘자! 58
멋지다 내 청춘! 59  피할 수 없으면 즐겨라! 60  미쳐야 미친다! 61
화끈하게 쭈욱쭈욱! 62

## 성공으로 꿈을 이루자 • 63

가슴 뛰게 살자! 콩당콩당! 63  Stay hungry! Stay foolish! 64
이제 곧! 지나가리라! 65  될 때까지! 해보자! 66  언제나! 처음처럼! 67
오늘도 기쁘게 쭈욱 쭈욱! 68  멋진 꿈으로 도전하자! 69
일찍 출세보다 크게 꽃피우자! 70  저스트 두잇  아자아자! 71

## 행복을 함께 나누자 • 72

우리 회사가! 축복이다! 72  인생은 껄껄껄! 73  즐기자 여유만만! 74
나는 왜 이렇게! 행복할까! 75  스트레스도 복이다! 76  지금 우리는 행복만땅! 77
행복하다 333! 78  행복은 김치! 79  오늘이 행복이다! 80  행복은 하하하! 81
활짝 펴져야 산다! 82  친구가 행복덩어리! 83  행복하게 이쁜 짓 뿌잉뿌잉! 84
빗방울의 개수만큼 행복하자! 85  우리 모두 행복해 행복해 행복해 86
해피 투게데! 87  오늘 이 자리를 즐기자! 88  인생의 정답은 긍정이다! 89
다타호신 소타호심 90  아픔도 축복이다 91
천국은 동심이다 92

## 축하합니다 • 93

소취하! 당취평! 93  에브리데이 크리스마스! 94  멋진 전무님 사랑합니다! 95
멋진 우리를 위해 축배를 팡팡팡! 96

## 심플 스토리 건배사 23 • 97

# PART 4 유머 건배사 [지존] • 101

### 건강이 최고다 • 102

나이야! 가라 102  쭉쭉! 빵빵! 103  365! 884! 104  9988! 231! 105
9988! 234! 106  나이30%세일! 젊어져서 좋다! 107  9988! 빠삐용! 108
장하다! 우리고장OO! 109  유통기한을! 연장하자! 110

### 사랑으로 감싸주자 • 111

정말로 사랑해! 행복해! 111  우리 모두 귀엽게! 뿌잉 뿌잉! 112
우리 우정도! 엑스라지! 113  우리 만남은! 통통통! 114
사장님을! 사랑합니다! 115  I LOVE! TOGETHER! 116
이효리 하고! 안 바꿔! 117  우리는! 통통통! 118
열바다가 아니라! 사랑해! 119  아이! 러브우유! 120  당신! 멋져! 121
그래도 와이프가! 따봉! 122  항상 내 곁에서! 힘을 주라! 123
좋은 소식만! 쭈욱 쭈욱! 124  우리 우정도 오랫동안! 뽀글뽀글! 125
참기름처럼! 고소하게! 126  당신! 멋져! 127  당신은 나의! 반쪽이야! 128

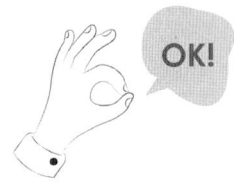

### 열정으로 불태우자 • 129

우리 앞날의 진로는? 삐까번쩍! 129  올 한해 우리 모두! 으랏차차 130
쫄지마! 위풍당당! 131  우리의 열정은! 못 말려 132  사명으로! 무장하자! 133
처음처럼! 시작하자! 134  쨍하고 해 뜰 날! 돌아온단다! 135
야구도 역전! 인생도 역전! 136  일단! 들이대자! 137  낮이나! 밤이나! 138
오늘 밤도 화끈하게! 당근이지! 139  우리의 열정도! 뜨겁다! 140
우리 우정도! 쑥쑥! 141  제대로! 가 보자! 142
무슨 말 할지 알지요? 다 압니다! 143  폭죽 인생 터트려라! 팡팡팡! 144
어의가 올 때까지! 쭈욱 마시자! 145  화끈하게! 원샷! 146
술잔은 비우고! 꿈을 채우자! 147

### 성공으로 꿈을 이루자 • 148

술술! 잘 풀려라 148  당신과! 함께라면! 149  우리의 미래는! 삐가뻔쩍! 150
움켜쥐자! 우리의 꿈! 151  파란만장! 억억억! 152  황금보다! 지금이다! 153
무한 경쟁 시대! 살아남자! 154  안되면! 되게 하라! 155
멀리 가려면 함께 가라! 156  뚝심으로! 흥해라 흥! 157  잡아보자! 끈끈한 정! 158
당신의 혈액형은? 우리 모두 이상형! 159  우리 모두 멋지게! 오바마! 160

### 행복을 함께 나누자 • 161

369처럼 오늘도! 신나게! 161  근심 걱정은 빼고! 행복은 채우자! 162
총각! 김치! 163  당신이! 명품이야! 164  우리는! 기분파! 165
당신과! 함께라면! 166  절대긍정이! 행복이다! 167  기분이다! 백지수표! 168
선택하자! 좋은 소식! 169  멋진 인생을 위하여! 남존여비! 170
우정과 추억이! 주룩주룩! 171  멋진 당신이! 명품이야! 172  당신이! 최고야! 173
오늘도 웃자! 하하하! 174  우리 행복도! 셀피! 175  오늘 우리 행복도! 더블! 176
행복해라! 오래오래! 177  축하합니다! 일식씨! 178  내숭은 뚝! 마시자 쭈욱! 179
함께 웃자! 하하하! 180  우리는! 행복덩어리! 181  두리 뭉실! 오래오래! 182
건강도 굿샷! 멋지게 원샷! 183  한 잔 술에! 우하하! 184
정은 채우고! 술잔은 비우자! 185  이뤄보자! 부귀영화 186
우리의 만남은! 축복이야! 187

### 축하합니다 • 188

잘 나가자! 쭈욱 쭈욱! 188  우리는 항상! 빵긋 빵긋! 189
오늘은 부장님이 왕이다! 팡팡팡! 190  거시기처럼! 살아가자! 191
만사! OK바리! 192  우리는 무슨 중! 생일 축하중! 193
묻어 있네요! 끈끈한 우정! 194  앗싸! 가오리! 195
당신의 뜻이라면! 따르겠습니다! 196  에브리데이! 해피 버스데이! 197
아름다운 추억을! 남기자! 198

## 친목으로 하나되자 • 199

말 안 해도 알지? 199　추억만 남기고! 철수! 200　계란처럼! 둥글둥글! 201
우정으로! 취하세! 202　화합으로! 승부하자! 203　마음으로! 통통통! 204
개봉하자! 술과 기쁜 우리 마음! 205　계속 마시자! 삑삑! 206
에브리바디! 노틀카! 207　비빔밥처럼! 뭉치자! 208　끈끈한 정으로 만족하자! 209
우리 모두! 빠삐용! 210　노틀카! 완샷! 211　어명이요! 피할 수 없으면 즐겨라! 212
에브리바디! 원샷! 213　술잔과 꿈이 통하라! 터치! 터치! 터치! 214
우정은! 채우고! 욕심은! 비우고! 추억만! 남기자! 215
외모는! 20대! 술 실력은! 무한대! 216　멋진 한 잔! 줄을 서시오! 217
우정은 나누고! 근심은 미루자! 218

## 멋진인생을 위하여 • 219

당신이! 희망이다! / 교감을! 잘하자! 219
영감아! 넘쳐라! / 우리 모두! 기대만땅! 220
열정으로! 고고! / 우리 모두 머리에서 발끝까지! 사랑스러워! 221
정이여! 철철 넘쳐라! / 의리로! 뭉치자! 222
다같이! 뿌잉 뿌잉! / 피할 수 없으면! 즐겨라! 223
오늘도! 기분 업업! / 오늘도! 아자 아자! 224
무한! 도전! / 바꾸자! 다 바꾸자! 225
에버! 그린! / 당신이! 희망이다! 226
배워서! 남 주자! / 오뚝이처럼! 일어서자! 227
우리는! 스마트! / 다시 한 번! 뛰어보자! 228
끝까지! 가보자! / 날리자! 역전 한 방! 229
지성이면! 맨유간다! / 날마다! 승승장구! 230
끈질기게! 고고! / 꿈을 갖고! 비상하자! 231

INTRO

# 대통령 건배사로
# 분위기를 즐기자!

21세기 키워드는 소통과 스토리, 재미라고 합니다. 소통의 시대에 수많은 인간관계 속에서 각종 모임과 연회에 대화가 중시되고 회식 장소엔 대화를 주도해 나가는 스토리와 스피치가 필요한데 특히 우리사회가 음주가 주를 이루는 분위기상 건배 문화가 중요한 자리를 차지하고 있다. 우리 민족은 정이 많아서 많이 개선되어가고 있지만 술을 권하고 주고받는 상호교류를 통해 지식과 정보도 나누고 인생의 애환을 공유한다고 해도 과언이 아닐 정도이다. 여기에 재미 요소(유머)가 부가된다면 더욱 더 즐거운 회식 문화가 될 것이다.

퇴근 후 7시 이후 대학가와 직장인들이 움집 하는 소위 먹자골목 거리에 나가 보아라. 전공과별, 써클별, 직장 부서별 각종 모임과 향우회, 군대, 동창회, 동호회, 종친회 등에서 빠질 수 없는 약방의 감초가 이 건배사이다.

여기저기서 "○○○위하여!"가 메아리 치고 최근엔 '오바마', '사우나' 등이 분위기를 압도해 나간다. 폭탄주에 돌아가면서 외쳐대는 '건배 구호', 한국판 음주 문화의 진면목이다.

대한민국의 술 문화를 다년간 지켜보면서 회식문화 이면에는 희로애락이 숨겨 있는데 그 반전의 도구가 멋진 건배사가 존재하고 있음을 깨닫고 이 책을 집필하기 시작하였다. 직장 상사와의 썰렁한 회식 분위기에서 30초의 예술! 멋진 건배사 한마디로 화가 애애한 분위기로 바뀌고 화합하고 사기충천한 기운이 넘쳐 나는 경우를 경험을 통해 느끼고 그 경험을 이 책에 담아 보기로 하였다.

5년 전 직장의 부책임자로 근무하면서부터 알게 모르게 건배사 전담 역할을 부여 받게 되었고 그 와중에 멋지게 분위기를 장악해야 된다는 부담감이 솔직히 존재했던 건 숨길 수 없는 사실이었다. 그래서 회식이 정해진 날 오후에는 짬이 나는 대로 마음속으로 오늘밤에 써 먹을 건배사를 생각하기에 골몰했던 기억이 생생하다. 당시에 주로 활용했던 건배사는 주로 단순하게 건강과 행복을 위한다는 위주로 했는데 다른 사람과는 조금은 차별화시켰기에 멋진 건배사였다고 칭찬을 아끼지 않았던 직원분도 종종 있었다.

이 책에서 소개할 '대통령 건배사'에서는 저자의 현장 경험을 바탕으로 하여 주위 애주가들의 조언과 직접 대학가와 대형 식당 직접 탐방을 통하여 이론을 뛰어 넘어서 실전에서 바로 적용 가능한 건배사로 꾸몄으며 또한 술자리 상황과 건배자의 위상 등 여러 상황 등을 고려하여 자기에게 맞는 '맞춤형 건배사 4단계'로 나누어 누구나 쉽게 골라서 적용 가능하도록 구성되어 있다.

일단 '1단계: 초보 → 2단계: 중수 → 3단계: 고수 → 4단계: 지존'의 구성으로 4단계로 구분하여 현재 1단계: 초보, 2단계: 중수 단계에 머물러 있는 대한민국 술 건배문화를 3단계: 고수와 4단계: 지존의 최고 단계로 품격을 격상시켜 나가야 한다고 생각하는 게 필자의 궁극적인 집필 의도이다. 술자리에서 왁자지껄하게 저급한 건배사로 분위기는 뜨는 것 같지만 뒤끝이 개운치 못한 건배사에서 탈출하여 품격 높은 '명품 유머 건배사'로 대한민국의 회식문화가 한 단계 업그레이드되었으면 하는 바람이다.

이 책의 내용 구성은,
- 1단계 초보 단계: 위하여 건배사
  옛날부터 회식 장소에서 하는 형태의 건배사로 소위 'OOO을 위하여!' 건배사를 말한다.
- 2단계 중수 단계: 삼행시 건배사
  1단계보다 조금 진전된 삼행시 위주 건배사로 요즈음 대세를 이루는 형태로 사우나, 오바마, 빠삐용 위주의 건배사를 말한다.
- 3단계 고수 단계: 스토리 건배사
  단순한 1단계와 2단계를 뛰어 넘어 회식 분위기 상황에 맞는 명언이나 교훈적인 말과 연결시켜 스토리 건배사를 하는 경우를 말하며 품격이 넘친다.
- 4단계 지존 단계: 유머 건배사
  최고의 건배사 단계로 스토리를 뛰어 넘어 썰렁한 회식 분위기를 개그 콘서트 분위기로 업 시키면서 웃음을 유발하는 유머 건배사로 고품격, 명품 건배사라고 할 수 있다.

여기서 밝혀 둘 것은 반드시 1, 2단계 건배사가 저급한 것은 아니라는 것이다. 상황에 따라서 활용하면 좋은 건배사가 될 수 있다. 다만 3단계로 나아가서 스토리로 회식 분위기를 품격 있게 유도할 수 있다는 것이며 최고의 단계는 역시 유머를 통해 웃음을 유발하여 분위기를 반전시켜 나감이 건배사의 정점이 아닌가 여겨집니다.

다행히 회식 장소와 시간, 참석 대상은 미리 정해져 있어서 이 책 한 번만 보고 상황에 맞는 건배사 1, 2개 기억하고 회식 장소에 참석한다면 '맞춤형 명품 건배사'로 멋지게 분위기를 주도하면서 행복이 넘치는 술 파티가 될 수 있다는 점이다.

힘들 때 마다 격려하고 기도로 후원해 준 나의 아내와 두 남매에게 사랑과 감사의 마음을 보냅니다.

대통령 건배사!
이제 술자리 건배사를 하는 순간에는 그 자리의 주인공으로서
대통령과 같은 품격으로 멋진 건배사를 연출하여야 한다.
우리 모두 술자리에서 만큼은 멋진 정신적 대통령이 되어 보자.
이 책 한 권이면 건배사의 대통령이 될 수 있다.

2012년 6월, 대한민국의 명품 건배 문화를 꿈꾸며
회문산 자락에서 *이황근*

# 일반 건배사 요령

### 건배에 대한 에티켓

◆ 건배는 같은 병에 담긴 술을 나눠 마심으로써 독이 없음을 알리고자 한데서 유래 되었다.
◆ 건배는 상대방에 대한 충성심, 즉 믿음을 보여주는 제스처이다.
◆ 우리가 지금 사용하는 건배는 잔을 비운다는 풍습에서 유래된 것이다.

① 비즈니스에서는 유효적절하면서도 유머가 있는 건배제의가 제창자의 인격, 지적 수준, 나아가 그 만찬의 성격과 수준을 단적으로 말해줄 뿐만 아니라 나머지 행사의 예고편을 보여주는 바로미터이다.

② 건배는 아주 간단한 행사조차도 영원히 기억되는 행사로 만들 수 있는 위력을 가지고 있다. 따라서 건배의 중요성을 잘 알고 건배과정을 행사 속에 제대로 포함시키는 것이 중요하다.

③ 건배시 잔을 들 때는 팔을 쭉 뻗어 머리 위까지 올리지 말고 자신의 눈높이 정도까지만 올린다.

④ 중요한 것은 이리저리 옮겨 다니지 말고, 있는 자리에서 참여자들과 눈을 부드럽게 맞추는 것이다.

⑤ 절대로 파티 주최자, 즉 호스트가 아닌 이상 먼저 건배제의를 하지 말라. 특히, 초대받았다면 호스트의 역할을 오버하지마라, 그것은 주최자의 몫이다.

⑥ 반면 술을 안 마신다는 이유로 건배조차 참가하지 않는 경우도 종종 있는데, 이는 아주 예의에 어긋난 행동이다.

⑦ 건배는 반드시 샴페인, 와인만으로 건배하는 것이 아니므로 옆에 있는 빈 잔, 물잔, 음료수 잔이라도 들어서 상대방에 대한 예의를 표하라.

⑧ 자신들만의 공간이 아닌 대중 레스토랑, 특히 고급 레스토랑에서 건배를 해야 하는 상황에선 다른 손님들을 염두에 두어야 한다.

### 건배제의는 이렇게

친목모임이나 단체 회식을 하는 즐거운 자리에서 당신에게 돌아온 건배제의 요청에 당황해본 적은 없는가? 사회활동이나 직장생활을 오래했던 사람들도 의외로 그러한 상황을 고역으로 생각하거나 매끄럽지 못하게 대응하는 경우가 많다.

'건배제의는 이렇게 하는 것!'이라고 누구도 가르쳐주는 경우는 없기 때문이다. 필자가 이러한 주제를 다루는 이유는 건배제의도 생활스피치의 중요한 부분가운데 하나이기 때문이다. 조직이 살아 움직이려면 시스템도 중요하지만 65%는 분위기라는 통계도 있지 않은가? 경영자 입장에서 조직 내 친목 취미클럽을 활성화시키고 잦은 회식자리를 마련하는 이유도 모두 이와 무관치 않다고 하겠다.

그렇다면 즐겁고 의미 있는 회식자리에서의 "쨍!" 하고 부딪치며 분위기를 돋구어줄 멋진 구호선창, 어떻게 하는 것이 자연스럽고 바람직할까?

① 잔을 채우게 한다.
"제가 건배제의를 하겠습니다. 잔을 채워 주시길 바랍니다."
② 건배제의할 기회를 갖게 해준 사람(또는 사회자)에게 감사 인사말을 건넨다.
"이렇게 건배 기회를 주신 사회자께 감사드리며……."
③ 당일 모임 취지와 관련된 멘트를 한다.
"오늘 우리 회사 단합대회, 열정이 넘쳐 앞으로 더욱더 전진하리라 믿습니다."
④ 건배구호를 선창한다.
제가 선창으로 "앞서가는 멋진 우리 회사!" 하면, 다함께 후창으로 "사랑해! 사랑해! 사랑해!"라고 외쳐 주시기 바랍니다.
④ 마신 다음 박수를 유도한다.
"힘찬 박수 부탁드립니다."

건배제의는 '위하여!'라는 말로 대표되듯이 기원을 담고 있는 경우가 많다. 따라서 모임 취지관련 멘트는 칭찬과 희망과 확신에 찬 말이 바람직하다. 특히 건배 구호제창은 전체가 하나임을 확인하는 순서인 만큼 내용에 따른 강약조절과 함께 구령하듯이 크고 힘차고 단호하게 하는 것이 중요하다.

# 나만의 명품 브랜드 '유머 건배사' 요령

건배사는 웃음과 감동을 동시에 줘야 한다. 30초 내외의 짧은 시간에 웃음과 함께 가슴에 남는 감동을 줄 수 있는 유머 건배사가 필요하다. 유머 건배사는 세 부분으로 구성되어 있다.

> 전반부 : 유머
> 중반부 : 스피치
> 후반부 : 건배사

① 먼저 상황에 맞는 유머를 선택해라.

회식이 시작되기 전에 어떠한 상황에서 전개될지는 대략 예측되어 있다. 송별회인지, 부서 단합대회인지, 생일 축하연 인지. 그에 맞게 적절한 유머를 선택하고 뒤에 스피치와 건배사를 첨가하면 된다. 그러니 회식 상황에 맞는 적절한 유머를 선택하는 게 제일 중요한 문제이다. 가능하면 건배사는 긍정적이고 희망적이며 사기를 고취하는 내용이어야 하며 여기에 수록된 유머들도 그런 취지에 부합되게 구성되어 있다.

② 술잔을 채우고 놓게 한 후 유머로 시작하여 웃겨라.

> 한 아줌마가 동네 슈퍼에 들러 물건을 사가지고 나가는데 키우던 앵무새 한 마리가 놀려댔습니다.
> "아줌마 못생겼다."
> 다음날에도 앵무새가 "아줌마 정말 못 생겼다."고 놀려 대자 슈퍼 주인에게 그런 말을 못하도록 하라고 따졌습니다.
> 그 다음날 주인에게 교육을 받은 앵무새는 물건을 사가지고 가는 그 아줌마를 보자마자 이렇게 말했다고 합니다.
> "아줌마, 말 안 해도 알지?"

　대한민국에서 엄선되고 현장에서 검증된 유머이기에 반드시 웃음이 유발될 것이다. 전반부 유머에서 확실하게 해야 중반부 스피치로 자연스럽게 연결되어 진다.
　유머를 말하는데 약 20여 초의 시간이 소요되기에 술잔을 채우고 놓게 한 후 해야 효과적이다.

③ 유머를 말한 후 그와 연결된 스피치로 분위기를 띄워라.

> 앵무새가 아줌마에게 말 안 해도 이심전심으로 다 통하듯이 우리 모두는 사랑으로, 끈끈한 우정으로 다 통하는 한 가족이나 다름없습니다. 그러기에 오늘 분위기도 형님과 동생이 한데 어우러지는 멋진 분위기가 되어 가고 있습니다.

　중반부 스피치에서는 모임의 의미를 부여하는 중요한 부분이므로 유머와 연결된 의미와 가치 부여로 짧게 언급하는 게 효과적이다. 앞에 전반부 유머 부분에서 약간 길게 말하였기에 위와 같이 핵심 주제만 심플하게 언급해야 한다.

④ 멋진 건배사로 분위기를 장악해라.

> 건배 구호는
> 제가 "말 안 해도!"하면
> 모두 힘차게 "알지!"라고 외쳐 주시길 바랍니다.
> "말 안 해도!"  "알지!"

30초의 예술! 유머 건배사의 핵심부분으로 한 단계 높은 톤으로 임팩트를 주어 말하고 힘차게 외쳐 달라고 주문한다.

건배사마다 '현장적합도'를 두었는데 ★표가 많을수록 현장에서 적용하는데 효과적이라는 내용표시이다.

★        보통
★★       우수
★★★      매우 우수

# PART 1 위하여 건배사

가장 일반적으로 활용되는 건배사로 상황에 맞게 적절하게 응용하는 것이 중요하다. 최근에는 개성을 살리기 위해 "위! 하! 여!"나 "위하여"를 세 번 외쳐 강조하기도 하는데 3번처럼 선창에 모임의 지향점을 강조하고 "사랑해"나 "행복해"를 세 번 외치게 하면 매우 효과적이다.

1. 선창: "우리 모두의 건강과 행복을!" 후창 "위하여!"
   멋진 사람! 아름다운 만남! 영원한 추억을! 위하여!
   오늘밤 멋진 만남, 화려한 외출을! 위하여!

2. 선창: 우리 회사의 무궁한 발전과 우리의 축복을 위하여
   후창: 위! 하! 여!
   선창: 우리 회사의 무궁한 발전과 우리의 축복을 위하여
   후창: 위하여!위하여! 위하여!

3. 선창: 대한민국 최고 사랑과 우정이 넘치는 주식회사 회문산!
   후창: 사랑해! 사랑해! 사랑해!
   선창: 대한민국 1등 학교! 최고를 달리는 구림중학교!
   후창: 행복해! 행복해! 행복해!

4. 우정은/ 넓게! 사랑은/ 깊게! 우리의 꿈은/ 높게!
   건강은/ 덧셈, 불행은/ 뺄셈, 희망은/ 곱셈, 행복은/ 나누셈!

5. 오늘 송년회 멋지고 행복하십니까? 당연하지!
   오늘 축복의 모임 마음에 드십니까? 오케바리!

# PART 2 삼행시 건배사

최신형 퓨전 건배사
심플 삼행시 건배사

## 1. 최신형 퓨전 건배사

**1) 건강이 최고의 소망이다!**

건강의 대명사 "9988(99세까지 88하게 사는 것)"을 선창하고 다음 구호를 외치게 하면 의미도 살리고 새로운 나만의 독특한 퓨전 건배사 연출이 가능하다.

■ 건배 요령: 99세까지 88하게 살면서 의사소통, 운수대통, 만사형통의 모두 통하는 '통통통'이 중요합니다. 제가 "9988" 하면 모두 "통통통" 외쳐 주시기 바랍니다.

- 9988-통통통: 의사소통, 운수대통, 만사형통
- 9988-쎄쎄쎄: 참으세, 베푸세, 즐기세.
- 9988-껄껄껄: 참을 껄, 베풀 걸, 즐길 껄
- 9988-탱탱탱: 탱탱한 몸과, 탱탱한 삶과, 탱탱한 내일을 위하여
- 9988-끈끈끈: 매끈하게 따끈따끈하게 화끈하게
- 9988-풀풀풀: 원더풀, 파워풀, 석세스풀
- 9988-쾌쾌쾌: 유쾌 상쾌 통쾌
- 9988-찬찬찬: 희망찬 활기찬 가득찬
- 9988-오징어: 오래오래 징그럽게 어울리자
- 9988-빠삐용: 빠지지 말고, 삐치지 말고, 용서하면서 살자

- 9988-해당화: 해가 갈수록 당당하고 화려하게
- 9988-개나리: 개인의 행복과 나라의 발전을 위해 이제부터 시작하자
- 9988-거시기: 거절 말고 시방부터 기가 막히게 보여주자
- 9988-우하하: 우리는 하늘아래 하나다
- 9988-우생순: 우리 생애 최고의 순간을 위하여 다시 뜁시다
- 9988-하하하: 하루에 세번 하하하 웃고 살자
- 9988-고사리: 고맙습니다. 사랑합니다. 이해합니다.
- 9988-사우나: 사랑과 우정을 나누자
- 9988-변사또: 변치말고 사랑하자 또 사랑하자
- 9988-우아미: 우아하고 아름다운 미래를 위하여
- 9988-재건축: 재미있고 건강하게 축복하며 살자
- 9988-아싸: 아낌없이 사랑하자
- 9988-모바일: 모두의 바람대로 일어나라
- 9988-뚝배기: 뚝심 있게, 배짱 있게, 기운차게
- 9988-새신발: 새롭게 신나게 발로 뛰자
- 9988-어머나: 어디든 머문 곳에는 나만의 발자취를 남기자
- 9988-비행기: 비상하자 행복을 향해 기운차게
- 9988-하여가: 하늘 아래 여보 당신이 가장 최고!

## 2) 서로 좋은 관계가 중요하다!

좋은 관계를 나타내는 "오징어(오래오래 징그럽게 어울림)"가 중요한 문제로 대두되어 "오징어"를 선창하고 뒤에 어울리는 다음 구호를 외치게 하여 재미난 나만의 퓨전 건배사를 연출할 수 있다.

- 건배 요령: '오래오래 징그럽게 어울리자.'의 "오징어"와 '땅이 꺼지도록 콩닥거리며 재밌게 살자.'의 "땅콩"입니다. 제가 "오징어" 하면 모두 "땅콩"이라고 외쳐 주시길 바랍니다.

- 오징어-땅콩: 땅이 꺼지도록 콩닥거리며 재밌게 살자
- 오징어-소주: 소통하고 주말마다 마시자
- 오징어-맥주: 맥을 짚어가며 주도적으로 살자
- 오징어-생맥주: 생생하고 맥 잘 짚고 주제 맞게 살자
- 오징어-포도주: 포기 말고 도전하라 주도면밀하게
- 오징어-막걸리: 막살지 말고 걸죽하게 리더로 거듭나자
- 오징어-팝콘: 팝송 들으며 콘서트처럼 즐기며 살자
- 오징어-새우깡: 새롭게 우정과 깡으로 살자
- 오징어-복분자: 복 받고 분수 지키며 자수성가하자
- 오징어-소세지: 소심하지 말고 세상을 향해 지금처럼 나가자
- 오징어-영양소: 영원한 사랑 양호한 건강 소중한 그대
- 오징어-항아리: 항상 아름다운 이 자리를 위하여
- 오징어-지화자: 지금부터 화끈한 자리를 위하여
- 오징어-안주: 안정되게 주도적으로 살자

3) 사랑과 우정을 나누자!

"사우나(사랑과 우정을 나누며)" 인생을 살아가는데 오늘날 중요한 화두이고 사우나 하는 기분처럼 시원하게 살아가자.

■ 건배 요령: '사랑과 우정을 나누자'의 "사우나"와 '오래 오래 징그럽게 어울리자.'의 "오징어"입니다. 제가 "사우나" 하면 모두 "오징어"라고 외쳐 주시길 바랍니다.

- 사우나–오징어: 오래오래 징그럽게 어울리자
- 사우나–고사리: 고맙습니다. 사랑합니다. 이해합니다.
- 사우나–진달래: 진하고 달콤한 내일을 위하여
- 사우나–항아리: 항상 아름다운 이 자리를 위하여
- 사우나–우하하: 우리는 하늘아래 하나다
- 사우나–빠삐용: 빠지지 말고, 삐치지 말고, 용서하면서 살자
- 사우나–스마일: 스쳐도 웃고 마주쳐도 웃고 일부러 웃자
- 사우나–모내기: 모처럼 내 친구 만나 기분 좋다
- 사우나–변호사: 변함없는 호형호제 사나이 우정
- 사우나–소화제: 소통과 화합이 제일이다
- 사우나–어머니: 어! 머니머니 해도 나의 친구가 최고!
- 사우나–이기자: 이런 기회 자주 갖자, 친구들아

## 4) 우리 생애 최고의 순간을 위하여!

'우리 생애 최고의 순간을 위하여' 사는 게 큰 행복입니다. 영화 「우생순」처럼 최고의 순간을 위하여 혼신의 힘을 쏟고 영원한 추억을 남기며 살아가자.

■ 건배 요령: '우리 생애 최고의 순간을 위하여'의 "우생순"과 '희망찬

활기찬 가득찬'의 "찬찬찬"입니다. 제가 "우생순" 하면 모두 "찬찬찬"이라고 외쳐 주시길 바랍니다.

- 우생순–찬찬찬: 희망찬 활기찬 가득찬
- 우생순–통통통: 의사소통, 운수대통, 만사형통
- 우생순–뚝배기: 뚝심 있게, 배짱 있게, 기운차게
- 우생순–아싸: 아낌 없이 사랑하자
- 우생순–해당화: 해가 갈수록 당당하고 화려하게
- 우생순–용광로: 용기 있고 광채 나게 로켓처럼
- 우생순–가오리: 가슴속에 오래 기억되는 리더가 되자
- 우생순–이기자: 이런 기회 자주 갖자, 친구들아
- 우생순–비행기: 비상하라 행복 향해 기운차게

5) 아름다운 우리들의 성공을 위하여!

'아름다운 우리들의 성공을 위하여'의 "아우성"을 함께 지르며 용광로처럼 뜨거운 열정으로 도전해 나가자.

■ 건배 요령: '아름다운 우리들의 성공을 위하여'의 "아우성"과 '명년에는 승진하고 부자 되자'의 "명승부"입니다. 제가 "아우성" 하면 모두 "명승부"라고 외쳐 주시길 바랍니다.

- 아우성–명승부: 명년에는 승진하고 부자 되자.
- 아우성–우거지: 우아하고 거룩하고 지성있게

- 아우성–끈끈끈: 매끈하게 따끈따끈하게 화끈하게
- 아우성–뚝배기: 뚝심 있게, 배짱 있게, 기운차게
- 아우성–주전자: 주인답게, 전문성을 갖추고, 자신감을 갖고 살자
- 아우성–모닥불: 모험심 갖고 닥치는 대로 하면 불가능은 없다
- 아우성–어머나: 어디든지 머무는 곳에 나만의 발자취를 남기자
- 아우성–박카스: 박력 있고 카리스마 있고 스피디하게
- 아우성–마무리: 마음먹은 대로 무슨 일이든 이루자
- 아우성–원더풀: 원하는 것보다 더 잘 풀리길
- 아우성–용광로: 용기 있고 광채 나게 로켓처럼

### 6) 재미로 마무리하고 건강하게 축복 받자!

'재미있고 건강하게 축복하며 살자.'의 "재건축"이 인생 최고의 목표입니다. 삶이 어려울 때 재건축을 통해 인생을 새롭게 설계하고 승승장구하자.

■ 건배 요령: '재미있고 건강하게 축복하며 살자'의 "재건축"과 '항상 아름다운 이 자리'의 "항아리"입니다. 제가 "재건축" 하면 모두 "항아리"라고 외쳐 주시길 바랍니다.

- 재건축–항아리: 항상 아름다운 이 자리를 위하여
- 재건축–변사또: 변치말고 사랑하자 또 사랑하자
- 재건축–사이다: 사랑해 여보! 이 생명 다 바쳐서
- 재건축–뚝배기: 뚝심 있게, 배짱 있게, 기운차게

- 재건축-우하하: 우리는 하늘 아래 하나다
- 재건축-소나기: 소통과 나눔으로 기쁨은 두배
- 재건축-비행기: 비상하라 행복 향해 기운차게
- 재건축-재개발: 재치있고 개성있게 발랄하게
- 재건축-마무리: 마음먹은 대로 무슨 일이든 이루자
- 재건축-동사무소: 동료(동창,동기)를 사랑하는 것이 무엇보다 소중하다
- 재건축-멋지다: 멋스럽게 지금 다시 시작합시다

## 7) 365일 1년 내내 건강하게 구경하며 사는 게 중요합니다.

■ 건배 요령: 365일 일 년 동안 팔팔하게 사시라고 제가 "365" 하면 "884"라고 외쳐 주시기 바랍니다.

- 365-884: 365일 일 년 내내 팔팔하게 사세요.
- 365-984: 365일 일 년 내내 구경하면서 팔팔하게 사세요.
- 365-354: 365일 일 년 내내 삼십대 건강 유지하면서 오래 사세요.
- 365-284: 365일 일 년 내내 이십대처럼 팔팔하게 사세요.

## 8) 연예인 건배사

친근한 연예인을 술자리로 초대하여 건배하면 멋진 분위기가 만들어지고 유머 있고 센스 넘치는 건배사를 연출할 수 있다.

■ 건배 요령: '김치 하고 웃으며 태양 같은 열정과 희망을 갖자'의 "김태희"와 '이 순간을 영원히 애헤라디야 즐기자'의 "이영애"입

니다. 제가 "김태희" 하면 모두 "이영애"라고 외쳐 주시기 바랍니다.

- 김태희-이영애
- 고소영-김미화
- 김미화-이영애
- 아이유-강부자
- 고소영-강부자
- 이승기-김태희
- 김태희: 김치 하고 웃으며 태양 같은 열정과 희망을 갖자
- 이영애: 이 순간을 영원히 애헤라디야 즐기자
- 고소영: 고맙습니다. 소원성취하시고 영화 누리세요.
- 김미화: 김새지 말고, 미리가지 말고, 화끈하게 마시자
- 아이유: 아름다운 이 세상 유감없이 살다가세 친구들아.
- 강부자: 강령하세요. 부자되세요. 자손번창하세요.
- 이승기: 이 순간 승리자의 기쁨을 누리자

## 2. 심플 삼행시 건배사

최근에 유행하고 있는 삼행시 건배사로 독특하고 의미가 있되 별로 사용되지 않는 삼행시를 선택하여 활용해야 나만의 멋진 브랜드 건배사를 연출할 수 있다.

### NEW 삼행시 건배사 베스트 25

■ 건배 요령: "우하하"는 '우리는 하늘아래 하나다'를 의미합니다. 제가 "위하여" 하면 "우!하!하!"라고 크게 외쳐 주시기 바랍니다.

- 우하하: 우리는 하늘아래 하나다 　　　　　　　　　　　－단합 강조
- 고사리: 고맙습니다. 사랑합니다. 이해합니다 　　　　　　－감사 강조
- 김태희: 김치하고 웃으며 태양같은 열정과 희망을 갖자 　－희망 강조
- 껄껄껄: 좀 더 참을 껄 베풀 껄 즐길 껄 　　　　　　　　－즐김 강조
- 동사무소: 동료(동창)를 사랑하는 것이 무엇보다 소중하다　－친구사랑 강조
- 뚝배기: 뚝심있게 배짱있게 기운차게 　　　　　　　　　－뚝심 강조
- 마무리: 마음먹은 대로 무슨 일이든 이루자 　　　　　　－소망 강조
- 명승부: 명년에는 승진하고 부자 되자 　　　　　　　　－승진 강조
- 빠삐용: 빠지지 말자 삐지지 말자 용기있게 나가자 　　　－화합 강조
- 상한가: 상심하지 말고 한탄하지 말고 가슴을 펴자 　　　－희망 강조
- 소화제: 소통과 화합이 제일이다 　　　　　　　　　　　－화합 강조

- 아우성: 아름다운 우리들의 성공을 위하여 　　　　　-성공 강조
- 어머나: 어! 머니머니해도 나의 친구가 최고 　　　　-친구 강조
- 여보당신: 여유롭게 보람있게 당당하게 신나게 놀자 　-보람 강조
- 오징어: 오래도록 징그럽게 어울리자 　　　　　　　-관계 강조
- 우생순: 우리 생애 최고의 순간을 위하여 　　　　　-최선 강조
- 원더풀: 원하는 것보다 더 잘 풀리길 　　　　　　-승승장구 강조
- 이영애: 이 순간을 영원히 애헤라디야 즐기자 　　　-행복 강조
- 재건축: 재미나고 건강하게 축복 받으며 삽시다 　　-축복 강조
- 지화자: 지금부터 화끈한 자리를 위하여 　　　　　-열정 강조
- 찬찬찬: 희망찬 활기찬 가득찬 　　　　　　　　　희망 강조
- 통통통: 의사소통, 운수대통, 만사형통 　　　　　-소통 강조
- 하여가: 하늘 아래 여보, 당신이 가장 최고 　　　-부부사랑 강조
- 항아리: 항상 아름다운 이 자리를 위하여 　　　　-멋진 현재 강조
- 해당화: 해가 갈수록 당당하고 화려하게 　　　　　-멋진 연륜 강조

## 1) 직원회식

- 개나리: 계급장 떼고 나이는 잊고 릴렉스 하자
- 건배사: 건전하고 배려하며 사랑하자
- 고도리: 고통과 도전을 즐기는 리더가 되자
- 고동혁: 고객만족, 동료만족, 혁신만족
- 고진감래: 고객을 진심으로 대하면 감동으로 돌아온다
- 끈끈끈: 매끈하게 따끈따끈하게 화끈하게
- 남행열차: 남다른 행동과 열정으로 차세대 리더가 되자
- 노발대발: 노조의 발전과 대한민국의 발전을 위하여

- 노틀카: 놓지말고 트림하지도 말고 카 하지도 말자
- 단백질: 단순하게 놀자 백프로 불태우자 질펀하게 마시자
- 당신멋져: 당당하고 신나고 멋지게 살되 가끔은 져주자
- 동사무소: 동료(동창, 동기)를 사랑하는 것이 무엇보다 소중하다
- 따스함: 따뜻한 가슴과 스마일로 고객과 함께 하겠습니다
- 마무리: 마음먹은 대로 무슨 일이든 이루자
- 마스터: 마음껏 스스럼 없이 터놓고 말하자
- 마스터: 마음껏 스스럼없이 터놓고 마시자
- 마징가: 마시자 징하게 갈때까지 가자
- 미인대칭: 미소짓고 인사하고 대화하고 칭찬하자
- 명승부: 명년에는 승진하고 부자되자
- 불광불급: 미치지 않으면 미치지 못한다
- 빠삐따또: 각종 모임에 빠지지 말고 삐지지 말고 따지지 말고 또 만나자
- 빠삐용: 빠지지 말자 삐지지 말자 용기있게 나가자
- 사화만사성: 회사가 잘 되어야 모든 일이 잘 풀린다
- 상한가: 상심하지 말고, 한탄하지 말고, 가슴을 펴자!
- 새신발: 새롭게 신바람나게 발로 뛰자(업적, 마케팅을 위해)
- 선배는/끌어주고, 후배는/밀어주고, 스트레스는/날리고
- 선착순: 선후배간 착실하게 순서를 지키자
- 세시봉: 세파에 시달려도 봉사하며 살자
- 소나기: 소중한 나와 너의 기념일을 축하하며!
- 소녀시대: 소중한 여러분 시방 잔대 봅시다
- 술잔은/비우고, 마음은/채우고, 전통은/세우자

- 신대방: 신년에는 대박 맞고 방끗 웃자
- 아베크: 아무도 배신하지 마라 크게 다친다
- 아테네: 아직 멀었다 테이블이 네모로 보일때까지 마시자
- 앗쌔! 가오리: 가슴속에 오래 기억되는 리더가 되자
- 애처가: 애인보다 처가 좋다 가끔은
- 어머나: 어디든 머문 곳에는 나만의 발자취를 남기자
- 오바마: 오직 바라는 대로 마음먹은 대로 이루어지길
- 우생순: 우리 생애 최고의 순간을 위하여
- 우하하: 우리는 하늘아래 하나다
- 위하여: 위기를 기회로! 하면 된다. 여러분 힘내십시오!
- 자전거: 자신감과 전문성으로 무장하여 거리로 나서자
- 지화자: 지금부터 화끈한 자리를 위하여
- 장작불: 장점을 살려서 작품을 불철주야 마시자
- 장하다/순창! 장하다/구림! 장하다/운남리! 장하다/우리회사!
- 저탄소: 저돌적으로 탄탄하게 소신 있게
- 정신통일: 정다운 신세대 통하는 일체감
- 주경야독: 주간에는 약하게 마시고 야간에는 독하게 마시자!
- 주전자: 주인답게 전문성을 갖추고 자신감을 가지고 살자
- 지나가자: 지구를 위하여, 나라를 위하여, 가정을 위하여, 자신을 위하여
- 초상화: 초심으로 상식을 거부하고 화끈하게
- 최고다: 최상의 서비스와 고객감동으로 정성 다하여 모시겠습니다
- 통통통: 의사소통, 운수대통, 만사형통
- 함께 가면/멀리 간다

- 항아리: 항상 아름다운 이 자리를 위하여
- CEO : 시원하게 이끌어주는 오너
- 고진감래: 고객을 진심으로 대하면 감동으로 돌아온다.
- 최고다: 최상의 서비스와 고객감동으로 정성을 다하여 모시겠습니다.
- 5-3-2! 2-2-4!: 오해에서 세 걸음 물러나면 이해가 되고 이해에서 이해를 더하면 사랑이 된다.

## 2) 건강, 행복 기원
- 9988/234: 99세까지 팔팔하게 살다가 2, 3일 앓고 떠나자
- 9988/234: 99세까지 팔팔하게 살다가 23세 처녀와 사랑에 빠지자
- 9988/231: 99세까지 팔팔하게 살다가 2, 3일 앓고 일어나자
- 건~배: 건강은 배려하는 마음에서 온다
- 고사리: 고맙습니다. 사랑합니다. 이해합니다
- 공무원: 공부하자 무지하게 하자 원 없이 하자
- 나가자: 나라를 위하여 가정을 위하여 자신을 위하여
- 나이야/가라: 나이는 숫자에 불과하다 나이야 가라!
- 단무지: 단순하고 무식하게 지금을 즐기자
- 당나발: 당신과 나의 발전을 위하여
- 대나무: 대화를 나누며 무한 성공을 위하여
- 뚝배기: 뚝심있게 배짱있게 기운차게
- 마당발: 마주 앉은 당신의 발전을 위하여
- 마무리: 마음먹은 대로 무슨 일이든 이루자
- 멋지다: 멋스럽게 지금 다시 시작합시다

- 모닥불: 모험심을 갖고 닥치는 대로 불가능은 없다
- 무소유: 무리하지 말고 소통하며 유연하게 살자
- 무시로: 무조건 시방부터 로맨틱한 사랑을 위하여
- 무한도전: 무조건 한없이 도와 줄께 전화해
- 바보: 바라볼수록 보고 싶은 당신
- 보나성: 보다 나은 성공을 위하여
- 사이다: 사랑합니다 이 생명 다 바쳐서 다시 태어나도 당신만을
- 성행위: 성공과 행복을 위하여
- 세배돈: 새해에는 배부르게 돈 많이 법시다
- 소나무: 소중한 나눔의 무한 행복을 위하여
- 소세지: 소심하지 않게 세상을 향해 지금처럼 나가자
- 시미나창: 시작은 미미 하였으나 나중은 창대하리라
- 신세계: 신나게 새롭게 계획적으로 운동하자
- 아우성: 아름다운 우리들의 성공을 위하여
- 아이유: 아름아름 이웃끼리 유쾌하게 마시자
- 얼떨떨: 얼지 말고 떨지 말고 떨쳐내자
- 영양소: 영원한 사랑 양호한 건강 소중한 그대
- 오이지: 오늘처럼 이렇게 행복하게 지내자
- 오행시: 오늘도 행복한 시간되세요
- 용광로: 용기있게 광명을 향하여 로켓처럼 나가자
- 우아미: 우아하고 아름다운 미래를 위하여
- 우행시: 우리들의 행복한 시간을 위하여
- 원더걸스: 원하는 만큼 더도 말고 걸러서 스스로 마시자

- 유기농: 유쾌하게 기분 좋게 농담하며 살자
- 유산소: 유쾌하게 산에 올라 소주 한잔
- 이영애: 이순간을 영원히 애헤라디야
- 일십백천만: 하루에 1번 이상 좋은 일을 하고, 10번 이상 큰소리로 웃고, 100자 이상을 쓰고, 1000자 이상을 읽으며, 10000보 이상 걷자
- 일취월장/승승장구
- 재개발: 재치있고 개성있게 발전하자
- 재건축: 재미나고 건강하게 축복 받으며 삽시다
- 조나발: 조국과 나라의 발전을 위하여
- 조통세평: 조국의 통일과 세계의 평화를 위하여
- 주전자: 주인정신으로 전문성 가지고 자신감 있게 살아가자!
- 진달래: 진하고 달콤한 내일을 위하여
- 찬찬찬: 희망찬 활기찬 가득찬
- 포도씨: 포기하지 말고 도전해서 시원하게 성공하자

### 3) 사랑, 우정 기원

- 532-224: 오해에서 세 걸음 물러서면 이해가 되고, 이해에서 이해를 더하면 사랑이 된다.
- 가감승제: 기쁨은/더하고, 슬픔은/빼고, 희망은/곱하고, 사랑은/나누자
- 거시기/머시기: 거절하지 말고 시키는 대로 기분 좋게 머리 굴리지 말고 시원하게 기똥차게
- 김미화: 김새지 말고 미리 가지 말고 화목하게 놀자
- 너나잘해: 너와 나의 잘나가는 새해를 위하여

- 눈사람: 눈 맞고 사랑 맞고 남김없이 마시자
- 니나노: 니하고 나하고 같이 노력하자
  니도 한 잔 나도 한 잔하고 노래방으로~ (후렴은 좋다)
- 모바일: 모두의 바람배로 일어나라
- 빠삐용: 빠지지 말고, 삐치지 말고, 용서하면서 살자
- 사우나: 사랑과 우정을 나누자
- 소나기: 소소함은 털고 나중일은 잊고 기운차게 마시자
- 소나기: 소통하고 나누고 기뻐하자
- 쓰리고: 기쁨은 더하고 슬픔은 빼고 사랑은 곱하고
- 아리랑: 아름다운 이순간 서로 사랑합시다
- 앗싸~: 아낌없이 사랑하자
- 어머나: 에! 머니머니해도 나의 친구가 최고
- 어명이요/원샷
- 여보당신: 여유롭게 보람있게 당당하게 신나게 놀자
- 오징어: 오래도록 징그럽게 어울리자
- 우거지: 우아하게 거룩하게 지성있게
- 이기자: 이런기회 자주갖자, 친구들아
- 이사우: 이상은 높게, 사랑은 넓게, 우정은 깊게
- 이상은/높게(잔을 높게 들면서), 우정(사랑)은/깊게(잔을 내리면서),
- 술잔은/평등하게(잔을 모으면서)
- 참이슬: 참사랑은 넓게 이상은 높게 술잔은 평등하게
- 학사모: 학실히 사랑합니다 모두 모두

### 4) 송별모임

- 고사리: 고맙습니다. 사랑합니다. 이해합니다.
- 굿바이: 굳세게 살자 바르게 살자 이따금 웃자
- 껄껄껄: 좀 더 사랑할 껄, 좀 더 즐길 껄, 좀 더 베풀 껄
- 무화과: 무척이나 화려했던 과거를 위하여
- 밤바다: 밤이 깊고 바닥을 쳤으니 다시 시작하자
- 변사또: 변함없는 사랑으로 또 만납시다.
- 비행기: 비상하자 행복을 향해 기운차게
- 삼다도: 삼(삶)이 그대를 속일지라도 다시 한 번 도전하자
- 상아탑: 상심마라 아직이다 탑이 되는 그 날까지
- 순두부: 순탄하게 두문불출 부지런히 공부하자
- 실외기: 실패해도 외로워도 기죽지 말자
- 아이돌: 아파마라 이 순간만 가면 돌아온다
- 울지마: 울적할 땐 지대로 마시자
- 원더풀: 원하는 것보다 더 잘 풀리길
- 인수인계: 인격을 수양하고 인연은 계속 잇자
- 장독대: 장기간 독한 마음으로 대성하자

### 5) 남녀동반 모임

- 남존여비: 남자의 존재의미는 여자의 비위를 맞추는 것이다
- 당나귀: 당신과 나의 귀한 만남을 위하여
- 당신멋져: 당당하고 신나고 멋지게 살되 가끔은 져주자
- 부자유친: 부드럽고 자상하고 유연하고 친절하게

- 사이다: 사랑합니다 이 생명 다 바쳐서 다시 태어나도 당신만을
- 여보/당신: 여유롭게 살면서, 보람차고, 당당하고, 신나게 놀자
  여유롭고 보람차고 당당하고 신나게
- 여필종부: 여자는 필히 종부세를 내는 남자와 결혼해라
- 우거지: 우아하고 거룩하고 지성있게
- 우아미: 우아하고 아름다운 미래를 위하여
- 하여가: 하늘 아래 여보, 당신이 가장 최고
- 해당화: 해가 갈수록 당당하고 화려하게

## 6) 골프 등산 모임

- 드라이버는/멀리, 퍼터는/정확하게, 아이언은/부드럽게
- 올버디1: 올해에는 마음속에 욕심을 버리고 비워서 디~이기 오래 건강하게 삽시다
- 올버디2: 올해는 버팀목이 되고 디딤돌이 되자
- 올보기: 올해에도 보람있고 기분좋게 지냅시다
- 올파: 올해에도 파이팅 합시다
- 올파파: 올해에도 파이팅하고 파이팅합시다
- 원샷: 원하는 방향과 거리만큼 샷은 정확하게
- 이글: 이제 모두 글라스 들고 건배!
- 산은/정상까지 (잔을 높게 들면서)
  하산은/안전하게 (잔을 내리면서), 등산은/수준대로 (잔을 모으면서)
- 일파만파: 한사람이 파이팅! 하면 모든 사람이 파이팅! 한다
- OB: Oh! Beautiful

7) 술자리 끝낼 때

- 119를 위하여: 한 가지 술을, 1차에 밤 9시 까지만 먹기
- 222를 위하여: 2가지 술을 섞지 않고 2잔 이상 권하지 않고 2차는 절대 없음
- 892를 위하여: 8시에서 9시까지 끝내고 2차 없음
- 고감사: 고생하셨습니다 감사합니다 사랑합니다
- 나가자: 나라와 가정과 자신을 위하여
- 니나노: 니도 한잔 나도 한잔 노래방으로 고고씽
- 마돈나: 마시고 돈내고 나가자 (마지막 술잔 비울 때)
- 마무리: 마음 먹은대로 무슨 일이든 이루자
- 마징가: 마시자 징하게 갈때까지
- 변사또: 변함없는 사랑으로 또 만나자
- 소화제: 소통과 화합이 제일이다
- 이기자: 이렇게 기(귀)한 자리 자주하자
- 초가집: 초지일관 가자 집으로, 2차는 없다

8) 기타 건배사

- 건배요령: 글로벌 시대에 영어로 짧게 건배하겠습니다.
  "에브리바디" 하면 "원샷"이라고 외쳐 주시기 바랍니다.
- 영어로 건배 제의: "에브리바디" 하면 "원샷"
- 불어로 건배 제의: "더 불어" 하면 "멋져 불어" 또는 "불어, 불어"/"마셔 불어"
- 독일어로 건배 제의: "좋 당케" 하면 "멋지 당케"
- 우리가 남이가/아니다! 아니다! 아니다!  • 얼씨구/절씨구, 지화자/좋~다
- 365일 웃자/웃자! 웃자! 웃자짜!

# PART 3 스토리 건배사

사랑 / 열정
성공 / 행복 / 축하
심플 스토리 건배사

## STORY
### 손수건같이! 따끈따끈!

현장 적합도: ★★★

　정채봉 시인의 「만남」이라는 시 중에 이런 구절이 있습니다.
　"가장 잘못된 만남은 생선과 같은 만남이다. 만날수록 비린내가 묻어 오니까. 가장 아름다운 만남은 손수건과 같은 만남이다. 힘이 들 때는 땀을 닦아 주고 슬플 때는 눈물을 닦아 주니까."

● ● ●

저도 여러분과 어려울 때 땀과 눈물을 닦아주는 손수건 같은 아름다운 만남을 하고 싶습니다.
제가 "손수건 같이!" 하면 모두 "따끈따끈!"이라고 외쳐 주시기 바랍니다.

선창 "손수건같이!" 후창 "따끈따끈!"

**손수건같이! 따끈따끈!**

## 멀리가려면! 함께 가자!

현장 적합도: ★★★

LOVE

아프리카 속담에 '빨리 가려면 혼자 가고, 멀리 가려면 함께 가라!'는 말이 있습니다. 세상을 절대 혼자서는 살 수 없습니다. 더불어 함께해야 시너지 효과를 내면서 멀리 갈 수 있습니다. 우리 모두 함께 노력하였기에 오늘날 이렇게 좋은 성과를 올릴 수 있었습니다.

• • •

앞으로도 여기 계신 모든 분들과 돈독한 정을 나누면서
멀리 멀리 함께 가고 싶습니다.

선창 "멀리 가려면!" 후창 "함께 가자!"

### 멀리가려면! 함께가자!

## STORY
### 우리의 우정 앗 뜨거!

현장 적합도: ★★☆

논어 첫머리에 "유붕자원방래 불역낙호!"라고 '멀리서 친구가 찾아오니 또한 기쁘지 아니한가?'라는 구절이 있습니다.

친구는 세상의 가장 소중한 자산입니다. 주역에 금란지교라는 고사성어가 있는데 '두 친구가 마음을 같이하면 그 날카로움은 쇠도 자를 수 있고, 마음을 같이 하는 말은 그 향기가 난초와 같다.'는 뜻이라 합니다.

● ● ●

금란지교의 뜨거운 우정을 생각하면서

선창 "우리의 우정!" 후창 "앗! 뜨거!"

**우리의 우정! 앗! 뜨거!**

## 손에 손잡고 함께 가자!

현장 적합도: ★★☆

"줄탁동시"라는 말이 있습니다.

계란을 안팎에서 같이 쪼아줘야 병아리가 껍질을 깨고 세상으로 나온다는 것입니다. 사원들은 열심히 뛰고 회사는 잘 지원해 줘서 오늘날 이렇게 큰 성과를 거두고 승승장구하고 있습니다. 함께 비전을 공유했기에 오늘 이렇게 멋진 시간을 맞게 되었습니다.

● ● ●

손에 손 잡고 함께해야 뭐든지 이룰 수 있고 미래로 힘차게 도약할 수 있습니다.

선창 "손에 손잡고!" 후창 "함께 가자!"

### 손에 손잡고! 함께 가자!

## STORY

### 이게 술이여? 아니여! 그럼 뭐여? 정이여!

현장 적합도: ★★☆

술 마실 때 13579는 들어 보셨죠? 홀수로 마셔야 된다는 거.

술을 마시는 데에 "1무, 3소, 5적, 7과, 9한, 11꽥사"라는 애주가 규칙이 있습니다. 한잔은 의미가 없고(1무), 세잔은 좀 적고(3소), 5잔은 적당하고(5적)

7잔은 좀 과하고(7과), 9잔은 한계를 넘어서고……(9한)

마지막으로 11잔 마시면 어떻게 될까요? 큰 일 난다.(꽥사)

● ● ●

오늘도 최소한 5적, 다섯 잔이 적당하다고 하니 뜨거운 우정의 잔을 들어 보면 어떨까요? 어리석은 사람은 채우는데 기쁨을 느끼지만, 현명한 사람은 비우는데서 기쁨을 느낀다고 합니다. 현명하게 잔을 잘 비우시길 바랍니다.

선창 "이게 술이여?" 후창 "아니여!" / 선창 "그럼 뭐여?" 후창 "정이여!"

**이게 술이여? 아니여! 그럼 뭐여? 정이여!**

# LOVE

## 반갑다 친구야!

현장 적합도: ★☆☆

괴테는 말했습니다.

"때가 되면 알게 될 것이다. 전쟁이 벌어졌을 때는 영웅, 화가 났을 때 현자, 곤경에 처했을 때는 친구"

우리는 지금 아름다운 우정과 추억으로 서로 의지하고 격려하는 친구와 함께 하고 있습니다.

괴테의 말처럼 어려울 때 친구의 진가가 빛납니다.

● ● ●

살아가면서 친구가 최고입니다. 이렇게 좋은 친구와 함께 하는 것도 큰 복입니다.

선창 "반갑다!" 후창 "친구야!"

## 반갑다! 친구야!

part 3 _ 스토리 건배사

## STORY
### 1박 2일!

현장 적합도: ★★★

멋진 분들과 함께 1박 2일 동안 세미나(워크샵, 여행)를 하다 보니 끈끈한 정도 들고 많은 정보 교환도 하고 영원히 잊지 못할 아름다운 추억으로 가슴속에 간직될 거 같습니다. 우리는 이제 한 가족이 되었습니다. 1박 2일 프로그램에는 강호동과 이수근만 주인공이 아닙니다.

● ● ●

여기 계신 우리 모두가 주인공입니다. 이 세상에서 최고 멋진 1박 2일을 위하여 제가 "1박!" 하면 모두 "2일!"이라고 외쳐 주시기 바랍니다.

선창 "1박!" 후창 "2일!"

**1박! 2일!**

## 우리모두 통통통!

**LOVE**

현장 적합도: ★★☆

소설 『어린왕자』에는 이런 구절이 나옵니다.
'세상에서 가장 힘든 일은 사람의 마음을 얻는 일이다.'

●●●

오늘 만큼은 마음의 허리띠를 풀고 정담을 나누면서 서로에게 한발 다가 가 마음이 통하는 멋진 자리가 되길 바랍니다. 서로 마음이 통하면 의사소통이 이뤄지고 만사가 형통합니다. 마음소통, 의사소통, 만사형통의 '통통통'입니다.

선창 "우리 모두!" 후창 "통통통!"

### 우리모두! 통통통!

## STORY
### 화향백리 주향천리 인향만리!

현장 적합도: ★★☆

고사 성어에 "화향백리 주향천리 인향만리"라는 말이 있습니다.
꽃의 향기는 백리를 가고, 술의 향기는 천리를 가고, 사람의 향기는 만리를 간다고 합니다.

● ● ●

지금 어디서 아름다운 향기가 나는 것 같지 않습니까?
오늘은 꽃향기보다 진한 멋진 여러분들의 향기에 취하고 싶습니다.
제가 "화향" 하면 "백리", "주향" 하면 "천리", "인향" 하면 "만리"라고 외쳐 주시기 바랍니다.

선창 "화향!" 후창 "백리!"
선창 "주향!" 후창 "천리!"
선창 "인향!" 후창 "만리!"

**화향! 백리! 주향! 천리! 인향! 만리!**

## PASSOION

## 뜨겁게 사랑하자 오래오래!

현장 적합도: ★★★

안도현 시인이 지은 「너에게 묻는다」라는 시의 구절을 참 좋아합니다.
"연탄재, 함부로 발로 차지 마라. 너는 누구에게 한번이라도 따뜻한 사람이었느냐?"
연탄처럼 열정을 가지고 한 순간이라도 살아가는 게 중요합니다.

● ● ●

오늘밤 누군가에게 뜨거운 연탄 한 장 되어 보시지 않으렵니까?
활활 타오르는 연탄처럼 뜨거운 열정으로 살아가는 여러분을 사랑합니다.
오늘밤 뜨거운 연탄 생각하며 이렇게 외치면 좋겠습니다.
제가 "뜨겁게 사랑하자"라고 선창하면 "오래오래"라고 힘차게 외쳐 주시기 바랍니다.

선창 "뜨겁게 사랑하자!" 후창 "오래오래!"

**뜨겁게 사랑하자! 오래오래!**

## STORY
### 무한! 도전!

현장 적합도: ★★★

  미국의 동기부여가 지그 지글러는 '꿈을 갖고 도전하는 순간 새로운 인생이 시작된다.'고 강조합니다. 꿈과 목표를 가지고 살아가면서 목표에 도전하는 자만이 성취할 수 있습니다.

  꿈을 이루지 못한 것보다 꿈꾸기를 포기하는 것이 더 무섭습니다. 배가 항구에 있으면 안전하지만 배의 존재 이유는 폭풍이 몰아치는 바다로 항해하는데 있습니다. 꿈과 목표에 도전 하는 삶이 아름답습니다.

• • •

「무한도전」 프로그램에는 유재석, 박명수만 있는 게 아닙니다.
여기 계신 여러분 모두가 주인공이십니다.
자기가 맡은 일에 과감히 도전하여 좋은 성과 올리기를 바랍니다.

선창 "무한!" 후창 "도전!"

## 무한! 도전!

## 당신은 나의 배터리!

**PASSOION**

현장 적합도: ★★☆

'나를 사랑으로 채워줘요. 사랑의 배터리가 다 됐나 봐요.

당신 없인 못살아 정말 나는 못살아. 당신은 나의 배터리.'라는 노래가 있습니다. 우리는 의기소침해 졌을 때 서로에게 열정 에너지를 채워주는 파워 배터리입니다.

• • •

오늘은 서로 끈끈한 우정과 뜨거운 열정을 술잔에 채워주어 힘을 주시길 바랍니다.

선창 "당신은" 후창 "나의 배터리!"

## 당신은! 나의 배터리!

**STORY**
## 최고의 이 순간을 사랑하자

현장 적합도: ★★☆

톨스토이는 단편소설 『3가지 질문』에서 인생에서 가장 중요한 시간은?
지금이고, 가장 중요한 사람은?
지금 옆에 있는 사람이며, 가장 중요한 일은?
그 분에게 선을 베푸는 일이라 했는데 옆 사람에게 우정의 술 한 잔을 권하는 것은 어떨 런지요?

●●●

인생에서 가장 중요한 지금 이 순간, 가장 소중한 사람들과 함께 건배하겠습니다.
제가 "최고의 이 순간을!" 하면 여러분은 "사랑하자!" 외쳐 주시길 바랍니다.

**선창 "최고의 이 순간을!" 후창 "사랑하자!"**

### 최고의 이 순간을! 사랑하자!

## 열심히 일한 당신! 즐겨라!

**PASSOION**

현장 적합도: ★☆☆

'뛰는 놈 위에 나는 놈, 나는 놈 위에 노는 놈이 있다.'고 합니다.
우리가 하루 16시간 기를 쓰고 일을 해도 8시간 일하는 나라보다 못사는 까닭은 바로 인생을 즐길 줄 모르기 때문이라고 합니다.

● ● ●

'이제 열심히 일한 당신 떠나라.'라는 광고 카피처럼 오늘도 '열심히 일한 당신 마음껏 마시고 즐겨라.'라고 말씀 드리며 건배하겠습니다.

선창 "열심히 일한 당신!" 후창 "즐겨라!"

### 열심히 일한 당신! 즐겨라!

## STORY
### Yes, we can!

현장 적합도: ★☆☆

버락 오바마의 좌우명은 "Yes, we can."이라고 합니다.

자기 자신의 가능성을 믿고 도전하면 반드시 이뤄지리라 생각됩니다.

헨리포드는 '네가 할 수 있다고 생각하든 할 수 없다고 생각하든 네 생각이 항상 옳다.'라고 말을 저도 믿습니다.

•••

우리에게 주어진 일들도 우리 모두가 함께 힘을 모으면 거뜬히 이뤄 내리라 확신합니다. 여러분 뭐든지 할 수 있으시죠? 여러분들의 열정을 사랑합니다.

선창 "Yes!" 후창 "We can!"

**Yes! We Can!**

**PASSOION**

## 지금부터 시작이다!

현장 적합도: ★★☆

김난도 교수의 『아프니까 청춘이다』에 보면 "그대의 인생시계는 몇 시인가?"라는 말이 나옵니다.

인생 100세로 생각하면 40세는 9시경에 해당되고, 50세는 한 낮 12시 정각입니다. 60세는 오후 2시 일 뿐입니다.

●●●

'나는 너무 늦었어!'라고 단정 지으려 하는 것은 '사실의 문제'가 아니라 '자기만의 문제'일 뿐입니다. 인생에 너무 늦었거나 혹은 너무 이른 나이는 없습니다. 아무 것도 해놓은 것이 없다는 생각이 들 때마다 내 인생의 탁상시계를 보십시오. 모든 건 아직 시작의 출발점에 있습니다.

선창 "지금부터!" 후창 "시작이다!"

## 지금부터! 시작이다!

## STORY
### 우리의 한계를 뛰어넘자!

현장 적합도: ★☆☆

서울대 안철수 교수의 좌우명은 '자신의 한계를 만드는 순간 실패한다. 자신의 한계를 뛰어 넘어라.'입니다. 힘든 순간에 물러서는 것은 내가 넘을 수 없는 한계를 만드는 것입니다.

● ● ●

벼룩은 컵 안에 잡아넣어 놓으면 충분히 훌쩍 뛰어넘을 수 있을 만큼 놀라운 점프력을 가지고 있습니다. 그러나 컵 입구를 막아버리면 부딪힘을 통해 한계를 느끼게 되고 결국 컵 입구를 열어도 그 이상 뛰지 않게 된답니다. 성공자는 자신의 능력보다 조금 어려운 일, 한계에 도전한다고 합니다.
우리도 그 한계를 뛰어 넘길 바랍니다.

선창 "우리의 한계를!" 후창 "뛰어넘자!"

### 우리의 한계를! 뛰어넘자!

## PASSOION

### 멋지다 내 청춘!

현장 적합도: ★★☆

사무엘 울만의 『청춘』이란 시를 참 좋아합니다. '청춘이란 인생의 어떤 시기가 아니라 마음가짐이다. 나이를 더해 가는 것만으로 사람은 늙지 않는다. 이상을 잃어버릴 때 비로소 늙는 것이다.'라는 구절이 있습니다.

나이는 숫자에 불과합니다. 비로소 꿈을 잃어 버렸을 때 늙어 간다는 말에 공감이 갑니다. 세월의 나이는 어쩔 수 없지만 마음의 나이는 언제든지 바꿀 수 있습니다.

●●●

여러분은 청춘입니까? 노인입니까?
꿈을 갖고 있기에 열정이 넘치는 청춘이라고 생각합니다.
우리의 멋진 청춘을 위하여 건배하겠습니다.

선창 "멋지다!" 후창 "내 청춘!"

### 멋지다! 내 청춘!

## STORY
### 피할 수 없으면 즐겨라!

현장 적합도: ★★☆

"피할 수 없으면 즐겨라."라는 말을 개인적으로 참 좋아합니다.

우리는 살아가면서 자기가 좋아하는 일만 하면서 살 수는 없습니다. 때로는 마음에 맞지 않지만 해야만 되는 일이 주어지기도 합니다. 이럴 경우 억지로 임하다 보면 짜증이 나고 일의 능률도 오르지 않습니다.

이럴 때 살짝 생각을 바꿔 '이왕에 해야 하는 일, 재미나게 해보자!' 결심하게 되면 금방 즐거워집니다.

• • •

축구선수 박지성에게 축구를 잘하는 이유를 묻자 '축구를 즐겼기에 세계적인 선수가 될 수 있었다.'고 말합니다. 이 세상의 성공자의 대부분은 일을 즐기는 자입니다. 인생은 즐기면 축제이고 즐기지 못하면 해결해야 할 숙제입니다.

여러분도 오늘밤 이 자리를 마음껏 즐기시길 바랍니다.

선창 "피할 수 없으면!" 후창 "즐겨라!"

**피할 수 없으면! 즐겨라!**

## 미쳐야 미친다!

**PASSOION**

현장 적합도: ★★★

제가 좋아하는 말 중에 "불광불급"이란 말이 있습니다.

"불광불급"이란 말 모두 알고 계시죠?

미친 듯한 열정이 아니면 큰 성취를 이룰 수 없다는 뜻으로 열심히 하지 않으면 최고가 될 수 없다는 말입니다. 이세상의 모든 성공자의 공통점은 뭔지 아시죠?

모두 자기 분야에 미칠 정도로 몰입했다는 점입니다.

●●●

김연아 선수도 불광불급을 모토로 삼았기에 피겨 여왕이 될 수 있었습니다.

불광불급을 실천하셔서 오늘날 이렇게 큰 성과를 내주신 여러분들을 사랑합니다.

선창 "미쳐야!" 후창 "미친다!"

**미쳐야! 미친다!**

## STORY
### 화끈하게 쭈욱쭈욱!

현장 적합도: ★★★

영국 극작가 버나드쇼의 묘비명에는 "우물쭈물 하다가 내 이럴 줄 알았다."라고 적혀 있다고 합니다.
할까 말까 망설일 때는 하면 되고, 갈까 말까 망설일 때는 가면 됩니다.
아무리 꿈과 열정이 있어도 바로 실행에 옮기지 않으면 허무한 인생이 됩니다.

●●●

오늘 이 순간에는 술잔 들고 우물쭈물 하지 마시고 화끈하게 마시고 술잔 속에 끈끈한 우정을 담아 빨리 빨리 옆 친구에게 전해주시길 바라며 건배하겠습니다.

선창 "화끈하게!" 후창 "쭈욱쭈욱!"

**화끈하게! 쭈욱쭈욱!**

## 가슴 뛰게 살자! 콩당콩당!

**SUCCESS**

현장 적합도: ★★★

한비야 씨는 『지도 밖으로 행군하라』는 책에서 "가슴 뛰는 삶을 살아라."라고 강조합니다.

어릴 적 꿈꾸었던 '걸어서 세계 일주'를 실현하기 위해 안정된 직장에 과감히 사표를 던지고 7년간 세계 곳곳의 오지를 누빈 사람, 마흔 세 살에 중국어를 배우겠다고 1년간 베이징에 둥지를 틀었던 사람.

한비야 씨는 자신이 하고 싶은 일이고 자신의 가슴을 뛰게 하고 피를 끓게 만들기 때문에 새로운 도전을 마다하지 않는다고 합니다.

●●●

가슴 뛰는 삶은 꿈과 열정으로 새롭게 도전하는 삶으로 인생에 활력을 줍니다.
지금까지 살아오면서 단 한번이라도 가슴 뛰는 일을 한 적이 있습니까?
오늘은 모처럼 가슴 뛰는 미팅이 되었으면 좋겠습니다.

   선창 "가슴 뛰게 살자!" 후창 "콩당콩당!"

## 가슴 뛰게 살자! 콩당콩당!

## STORY
### Stay hungry! Stay foolish!

현장 적합도: ★★☆

미국의 스탠포드 대 졸업식에서 스티브 잡스는 "Stay hungry! Stay foolish!"라고 말했습니다.

그 뜻은 "계속 갈망하라! 항상 우직하게!"라는 말이라고 합니다.

꿈과 목표를 정해 놓고 계속 갈망하고 추구해야 이루어지고 요령 피우지 않고 우직하게 나아가야 이룰 수 있습니다.

● ● ●

여러분도 그렇게 살려고 노력하고 계시죠?
여기 계신 여러분들도 자신이 하는 일에 꾸준히 열정을 발휘하시길 바라며,

선창 "Stay hungry!" 후창 "Stay foolish!"

**Stay hungry! Stay foolish!**

64 대통령 건배사

## SUCCESS

## 이제 곧! 지나가리라!

현장 적합도: ★★★

옛날, 어느 나라의 왕이 현자를 불러 요청하였습니다.

"내가 모든 일이 잘되어 교만하여 질 때 겸손해질 수 있도록, 되는 일이 없어 낙심될 때 힘이 될 수 있도록 항상 몸에 지닐 수 있는 물건을 구해오라."

현자는 온 세상을 다 돌아보았지요. 그리고 현자는 반지를 하나 만들어서 그 반지에 "이제 곧 지나가리라"라는 글귀를 새겼습니다.

왕에게 반지를 가져간 현자는 왕에게 반지를 바치며 말했습니다.

"왕께서 승리를 거두어 큰 기쁨에 넘쳐서 걷잡을 수 없이 자만하여질 때 또한 왕께서 낙심하여 절망에 빠져 있을 때에도 이 글귀를 보시면 곧 힘을 얻을 것입니다."

● ● ●

그렇습니다. 세상에 끝나지 않는 절망이나 기쁨은 없는 것입니다.
우리가 되는 일이 없어 힘들고 낙심하고 있을 때 '이제 곧 지나가리라.'
이 말을 기억한다면 얼굴에 웃음을 찾고 일어설 수 있을 것입니다.

선창 "이제 곧!" 후창 "지나가리라!"

## 이제 곧! 지나가리라!

## STORY
**될 때까지! 해보자!**

현장 적합도: ★★☆

인디언은 지금까지 기우제를 지내면서 단 한 번도 실패한 적이 없다고 합니다. 대단하지 않습니까?

인디언 기우제 100% 성공 비법은 무엇일까요?

그것은 '비가 올 때까지 기우제를 지내는 것'입니다.

우리가 살아가면서 인디언처럼 될 때까지 도전 하는 것이 성공의 열쇠입니다.

● ● ●

KFC 샌더슨 회장은 1008번의 실패에도 굴하지 않고 1009번째 도전에 성공을 해서 오늘날의 KFC가 되었다고 합니다.

힘들고 어렵지만 용기를 내어 될 때 까지 도전하면 반드시 이뤄질 것입니다.

선창 "될 때까지!" 후창 "해보자!"

### 될 때까지! 해보자!

## 언제나! 처음처럼!

현장 적합도: ★☆☆

SUCCESS

신영복의 「처음처럼」에 이런 구절이 나옵니다.

"어렸을 때 노트를 쓰다가 글씨가 마음에 안 들면 그 장을 뜯어내고, 또 새로 쓰지만 또 뜯어내다 보면 뒷장의 멀쩡한 노트가 떨어져 나가요. 그래서 '처음처럼'이란 게 뜯어내는 게 아니고 뭔가 그 다음 장을 다시 처음의 마음으로 쓰는 것이다."

인생이라는 것은 결코 뜯어낼 수 없는 것입니다. 늘 이제 다시 시작하는 마음처럼, 처음으로 하늘을 만나는 어린 새처럼 시작하는 것입니다.

● ● ●

산다는 것은 수많은 처음을 만들어가는 끊임없는 시작입니다.
엄숙하게 시작하는 처음처럼 세상을 산다면 얼마나 행복할까요?
산다는 것은 결국 수많은 '처음'을 만들어가는 것이고, 그래서 처음처럼 끝까지 마무리 할 수 있다면 가장 큰 행복 아닐까요?

선창 "언제나!" 후창 "처음처럼!"

## 언제나! 처음처럼!

## STORY
### 오늘도 기쁘게 쭈욱 쭈욱!

현장 적합도: ★★☆

영화 「버킷 리스트」에 보면 인상적인 대사가 하나 나옵니다.
"이집트 사람들은 저 세상에 가면 신이 두 가지 질문을 할 거라고 믿었지. 인생에서 기쁨을 찾아냈는가?"
그리고 다른 하나는 무엇일까요?
"남에게 기쁨을 주었는가?"
기쁨을 찾아낸 사람은 반드시 누군가를 기쁘게 하게 되어 있고, 기쁨을 준 사람이란 필경 기쁨을 찾아낸 사람이란 뜻이겠지요.

● ● ●

오늘 모두에게 기쁨을 주는 건 술 한잔 권하면서 정담을 나누는 것이 아닌가 싶습니다. 그러다 보면 인생의 기쁨도 찾으리라 믿습니다.

선창 "오늘도 기쁘게!" 후창 "쭈욱 쭈욱!"

### 오늘도 기쁘게! 쭈욱쭈욱!

## SUCCESS

## 멋진 꿈으로 도전하자!

현장 적합도: ★★☆

"계란껍질을 스스로 깨면 생명력이 있는 병아리로 탄생되지만 누군가에 의해 깨지면 계란 후라이 밖에 되지 못한다."라는 말이 있습니다.
   스스로 무슨 일을 도전해 나가면 보람도 있고 성취감도 큽니다.

● ● ●

'포기란 배추 셀 때나 하는 말'이라는 것 아시죠?
젊은 패기와 도전정신으로 여러분의 꿈을 키워 나가시길 바라면서

선창 "멋진 꿈으로!" 후창 "도전하자!"

**멋진 꿈으로! 도전하자!**

## STORY
### 일찍 출세보다 크게 꽃피우자!

현장 적합도: ★★☆

김난도 교수의 『아프니까 청춘이다』라는 책에 이렇게 적혀있습니다.

"매화, 해바라기, 국화, 동백 중 어떤 꽃이 가장 훌륭하다고 생각하는가?"

"가장 훌륭한 꽃은 없다. 저마다 훌륭하다. 나름의 이유가 있어 제가 피어날 철에 만개하는 것이다. 그러나 대부분의 청춘들은 먼저 꽃 피우는 매화만 되려고만 한다."

●●●

사람도 제각기 꽃피우는 시기가 다릅니다.
성급하게 이루려고 하지 말고 아무리 힘들어도 참아내고 활짝 꽃 피우는 시기를 기다리는 것도 살아가는 지혜입니다.
우리가 추구해야 할 것은 일찍 주는 신인상보다 훗날 삶의 멋진 주연상을 노려보는 것입니다.

선창 "일찍 출세보다!" 후창 "크게 꽃피우자!"

## 일찍 출세보다! 크게 꽃피우자!

## SUCCESS

## 저스트 두잇 아자아자!

현장 적합도: ★☆☆

    소설가 마크 트웨인은 "20년 후 당신은 했던 일보다 하지 않았던 일로 더 실망할 것이다. 그러므로 돛 줄을 던져라. 안전한 항구를 떠나 항해하라."고 강조합니다.
    '어디로 가야 할지 모르겠다면, 그냥 가라.'는 말입니다.
    실수하는 것보다 더 나쁜 것은 아무것도 하지 않은 것입니다.
    배는 항구에서 더 안전하지만 배의 존재 이유는 폭풍우를 견디며 바다로 항해하고 있을 때 가치가 있습니다.

●●●

할까 말까 망설일 때 바로 생각나는 구절은 신발회사 광고 카피 '저스트 두잇(일단 해봐!)'입니다.
'저스트 두잇' 정신으로 오늘의 성과를 올리신 여러분들을 사랑합니다.
선창 "저스트 두잇!" 후창 "아자아자!"

## 저스트 두잇! 아자아자!

## STORY
### 우리 회사가! 축복이다!

현장 적합도: ★★☆

'인생은 BCD'라고 철학자 사르트르는 말했습니다.
B는 Birth(출생)을 나타내고 D는 Death(죽음)을 의미합니다.
출생과 죽음 사이에 C, Choice(선택)이 있습니다.

● ● ●

인생은 태어나서 죽을 때까지 수많은 선택을 하는데 그 중에서 우리 회사를 선택해서 이렇게 열정을 불태우는 것도 행복이라고 생각합니다.
또한 이렇게 멋진 동료 분들을 선택하게 된 것도 더 큰 축복이라고 생각합니다.

선창 "우리회사가!" 후창 "축복이다!"

### 우리회사가! 축복이다!

# HAPPINESS

## 인생은 껄껄껄!

현장 적합도: ★★★

사람이 임종할 때 3가지를 후회한다고 합니다.
'좀 더 참을 껄, 좀 더 베풀 껄'
나머지 한 가지는 무엇일까요?
'좀 더 재미있게 살 껄'이라고 합니다.

●●●

인생을 껄껄걸 웃으며 재미있게 사는 게 행복입니다.
행복해서 웃는 게 아니라 웃어서 행복하다고 말하잖아요.
자기가 하는 일에서 재미를 찾아야 진정한 행복이라고 합니다.
인생을 껄껄걸 웃으며 재미있게 사시길 바라며

선창 "인생은!" 후창 "껄껄껄!"

**인생은! 껄껄껄!**

## STORY
### 즐기자 여유만만!

현장 적합도: ★☆☆

고은 시인의 「그 꽃」이라는 짧은 시가 있습니다.
"내려갈 때 보았네, 올라올 때 보지 못한 그 꽃."

● ● ●

우리는 목표를 향해 앞만 보고 달려가면서 가장 소중한 내 자신과 주위 가족, 직장 동료들을 둘러보지 못하고 살아가고 있는지도 모릅니다.
이제 목표 추진도 좋지만 주변의 아름다운 꽃들도 보고 여유를 즐기면서 사셨으면 좋겠습니다.
오늘은 여유롭게 우리 모두를 돌아보는 시간되시길 바랍니다.
선창 "즐기자!" 후창 "여유만만!"

## 즐기자! 여유만만!

## 나는 왜 이렇게! 행복할까!

**HAPPINESS**

현장 적합도: ★★☆

나의 기분을 좋게 하는 최고의 질문은 무얼까요?
"나는 왜 이렇게 행복할까?"라고 합니다.

● ● ●

오늘도 너무 좋은 사람과 맛있는 음식을 먹게 되어 행복합니다.
이러한 우리의 행복을 오래 오래 간직하고 싶습니다.
행복은 늘 말로 행복하다고 외쳐야 행복해진다고 합니다.
큰 소리를 행복을 외쳐 보실까요?
선창 "나는 왜 이렇게!" 후창 "행복할까!"

## 나는 왜 이렇게! 행복할까!

## STORY
## 스트레스도 복이다!

현장 적합도: ★★★

유명한 스님이 한 분 계시는데 어떤 친구가 그 스님에게 찾아가서 물었습니다.

"요즘에 활동을 많이 하다 보니까 시기하는 사람이 늘어났습니다. 저를 욕하는 사람이 많아요. 어떻게 할까요?"

그랬더니 스님이 호통을 치셨대요.

"방구석에 가만히 처박혀 있어봐라. 누가 너를 욕하겠냐. 다 복으로 생각해라."

출처: 스토리 건배사(김미경 저)

오늘도 많은 업무 처리하시느라 스트레스 많이 받으셨죠?
스님의 말씀처럼 그게 다 복이랍니다.
때론 사람에게 상처 받고 업무에 시달려도 감사하는 마음 갖길 바랍니다.
선창 "스트레스도!" 후창 "복이다!"

## 스트레스도! 복이다!

# HAPPINESS

## 지금 우리는 행복만땅!

현장 적합도: ★★☆

신의 책상에는 이렇게 쓰여 있다고 합니다.
"네가 만일 불행하다고 말하고 다닌다면 불행이 정말 어떤 것인지 보여 주겠다. 또한 네가 만일 행복하다고 말하고 다닌다면 행복이 정말 어떤 것인지 보여 주겠다."

●●●

여러분은 지금 행복하다고 말한 자신이 있으신가요?
행복은 말로 기분 좋다고 표현해야 진정한 행복입니다.
행복은 멀리 있지 않습니다.
바로 내 입 안에 있습니다.
지금 이 순간 '행복 만땅'이라고 외쳐주시길 바랍니다.

선창 "지금 우리는!" 후창 "행복만땅!"

## 지금 우리는! 행복만땅!

part 3 _ 스토리 건배사

## STORY
### 행복하다 333!

현장 적합도: ★☆☆

예쁜 여자를 만나면 삼년이 행복하고,
착한 여자를 만나면 삼십년이 행복하고,
지혜로운 여자를 만나면 삼대가 행복하다.
이런 말이 있습니다.

● ● ●

오늘 결혼하신 신부님을 보니 예쁘고 착하고 지혜로워서 대대손손 행복하시리라 믿습니다. 그러한 멋진 신부를 만난 신랑이 행운아라고 여겨집니다.
그런 의미에서 3년, 30년, 3대가 행복하다는 의미에서 오늘 건배 구호는

선창 "행복하다!" 후창 "333!"

### 행복하다! 333!

## 행복은 김치!

**HAPPINESS**

현장 적합도: ★★☆

배추는 다섯 번 이상 죽어서야 김치가 된다고 합니다. 땅에서 뽑힐 때, 칼로 배추의 배를 가를 때, 소금에 절일 때, 매운 고추와 젓갈과 마늘의 양념에 버물러 질 때 그리고 입 안에서 씹힐 때 죽습니다.

그러한 과정을 거쳐 입안에서 김치라는 새 생명으로 거듭난다고 합니다.

• • •

행복이란 맛을 내기 위해 우리도 아픔을 딛고 죽고 죽여야 합니다.
그래야 '김치!' 하고 활짝 웃는 행복이 피어납니다.

선창 "행복은!" 후창 "김치!"

## 행복은! 김치!

## STORY
### 오늘이 행복이다!

현장 적합도: ★★☆

개그맨 김제동 어록에 "네 잎 크로버의 행운을 찾으려다 세 잎 클로버의 행복을 짓밟는 건 아닌가요?"라는 말이 나옵니다.

• • •

우리가 세상을 살아가면서 가까운데 일상의 행복을 짓밟고 먼데서 찾으려다 후회하는 동화 파랑새 이야기를 잘 알고 있습니다.
새해에는 가까운데서 행복을 찾는 멋진 한 해되시길 바랍니다.
오늘도 옆 동료와 정담을 나누며 소소한 참 행복을 나누시길 바라면서

선창 "오늘이!" 후창 "행복이다"

### 오늘이! 행복이다!

# HAPPINESS

## 행복은 하하하!

현장 적합도: ★★☆

하루에 거울을 몇 번이나 보십니까?

거울은 먼저 웃지 않는다고 합니다. 매일 한번이라도 거울속의 장미꽃 한 아름을 본 사람은 정말 행복한 사람입니다. 그 장미꽃은 자기 얼굴인거 아시죠?

• • •

옛날 사람들은 세 가지를 가지고 가정의 행복을 측정했다고 합니다.
첫째는 다듬이 소리, 두 번째는 책 읽는 소리, 세 번째는 웃음 소리였다고 합니다.
웃음이 행복이고 성공입니다.
오늘도 웃음이 넘치는 행복한 시간되시길 바라며

선창 "행복은!" 후창 "하하하!"

**행복은! 하하하!**

## STORY
### 활짝 펴져야 산다!

현장 적합도: ★★★

낙하산과 얼굴의 공통점은 뭔지 아세요?
'활짝 펴져야 산다.'는 것입니다

● ● ●

오늘 기분 좋은 날에 낙하산처럼 활짝 펴진 여러분들의 환한 미소를 보니 '사람이 꽃보다 아름답다.'는 말이 문득 떠오릅니다.
오늘 이순간만은 여러분들이 한 떨기 꽃입니다.
이렇게 활짝 웃으며 살아야 제대로 사는 것입니다.

선창 "활짝 펴져야!" 후창 "산다!"

### 활짝 펴져야! 산다!

## 친구가 행복덩어리!

**HAPPINESS**

현장 적합도: ★★★

노벨상 받은 카너만 교수는 행복하려면
"좋은 느낌을 가질 수 있는 일에 시간을 투자하라."라고 말했습니다.

● ● ●

가장 좋은 느낌을 주는 것은 무엇이 있을까요?
유감스럽게도 배우자, 자녀가 아닙니다.
'친구 만나기'라고 합니다.
오늘처럼 이렇게 멋진 친구들과 함께 하는 게 행복입니다.
친구가 행복 덩어리입니다.

선창 "친구가!" 후창 "행복덩어리!"

## 친구가! 행복덩어리!

## STORY
### 행복하게 이쁜 짓 뿌잉뿌잉!

현장 적합도: ★★☆

어느 사무실 입구에 있는 문에는 이런 글귀가 붙어 있다고 합니다.
"세상에서 가장 행복한 사람을 만나실 수 있습니다."
도대체 그 자리에 누가 있을까 또는 어떤 사진이 붙어 있을까 궁금하여 문을 열면 뜻밖에도 자신의 얼굴을 비추는 '거울'이 나타납니다.

● ● ●

여러분들은 과연 재미있는 발상에 미소 지었을까요?
아니면 자신의 낯선 얼굴에 당황했을까요?
여기 계신 분들은 환한 미소 지었으리라 여겨집니다.
미소 짓는 것도 연습입니다. 미소가 행복의 시작입니다.
항상 귀엽게 미소 짓는 행복한 사람 되시길 바라며

선창 "행복하게 이쁜 짓!" 후창 "뿌잉뿌잉!"

**행복하게 이쁜 짓! 뿌잉뿌잉!**

**HAPPINESS**

## 빗방울의 개수만큼! 행복하자!

현장 적합도: ★★★

창밖엔 지금 비가 촉촉이 내리고 있습니다.
비가 이렇게 오는 날에 멋진 분들과 함께 추억을 나누는 것도
인생의 큰 낭만이 아닌가 합니다.

● ● ●

"내리는 빗방울의 개수만큼 행복해라."는 말이 있습니다.
오늘밤 소낙비처럼 행복이 철철 넘치는 추억의 밤을 즐기시길 바랍니다.

선창 "빗방울의 개수만큼!" 후창 "행복하자!"

또는 선창 "우리 행복이!" 후창 "주룩주룩!"

### 빗방울의 개수만큼! 행복하자!

## STORY
우리 모두 행복해 행복해 행복해!

현장 적합도: ★★☆

링컨은 "자기가 결심한 만큼 행복해진다."고 말했습니다.
자기스스로 행복하다고 생각하고 결심해야 행복해진다고 합니다.

● ● ●

'나는 행복해, 정말 행복해, 정말 정말 행복해.'라고 외칠수록 행복의 크기는 점점 커집니다. 행복은 연습입니다. 그냥 주어지는 행운의 복권이 아닙니다.
부지런히 노력하고 연습해야 얻을 수 있는 열매입니다.
그런 의미에서 우리 모두 행복하기를 결심하고 한번 외쳐 볼까요?

선창 "우리 모두!" 후창 "행복해 행복해 행복해!"

### 우리모두! 행복해 행복해 행복해!

## 해피 투게더!

**HAPPINESS**

현장 적합도: ★★★

에릭 와이너의 『행복의 지도』라는 책에 "행복은 명사도 아니고 동사도 아니고 접속사다."라는 구절이 있습니다.

즉 행복은 어떤 물건이나 행동이 아니라 사람과 사람 사이의 관계 속에 있다는 것입니다.

● ● ●

개인적인 행복이라는 건 존재하지 않습니다. 행복은 철저히 관계 속에서 존재합니다. 가족, 친구, 이웃, 회사 동료 등등.....
그래서 행복은 함께 추구해야 합니다.
오늘도 술을 매개로 멋진 행복을 함께 나누길 바라며

선창 "해피!" 후창 "투게더!"

**해피! 투게더!**

## STORY
## 오늘 이 자리를 즐기자!

현장 적합도: ★★★

황농문 교수의 『몰입』이라는 책에
"행복은 좋아하는 일을 해야 행복한 게 아니고 해야 하는 일을 좋아해야 행복하다."라는 말이 있습니다.

● ● ●

자기가 하는 일에 긍정적 감정을 가져야 진정으로 행복한 것입니다.
오늘 이 자리에서도 술잔을 주고받는 걸 좋아하고 즐겨야 참된 행복입니다.
선창 "오늘 이 자리를!" 후창 "즐기자!"

### 오늘 이 자리를! 즐기자!

## 인생의 정답은 긍정이다!

**HAPPINESS**

현장 적합도: ★★★

작가 이외수 씨는 『하악하악』이라는 책에서 "인생의 정답을 알기는 어렵지 않다. 다만 정답을 실천하면서 살기가 어려울 뿐이다."이라고 말합니다.

● ● ●

인생의 정답은 한마디로 무엇일까요?
'세상을 대하는 태도'라고 어느 철학자는 말합니다.
그래서 알파벳에서 중요한 첫 글자 A는 Attitude 태도입니다.
긍정적 태도를 선택하면 인생이 즐겁고 부정을 선택하면 불행합니다.
오늘도 긍정으로 파티를 즐기는 멋진 시간되시길 바랍니다.

선창 "인생의 정답은!" 후창 "긍정이다!"

## 인생의 정답은! 긍정이다!

**STORY**
## 다타호신 소타호심

현장 적합도: ★★★

골프장엔 중국의 골프 명언인 이런 사자성어가 유행입니다.
'다타호신(多打好身) 소타호심(少打好心)'
많이 치면 몸에 좋고, 적게 치면 마음에 좋다는 말입니다.
'비가 오면 딸네집 우산이 잘 팔려서 좋고, 해가 뜨면 아들집 양산이 잘 팔려서 좋다.'는 말과 같습니다.

● ● ●

세상을 긍정적으로 바라보며 잘 맞으면 잘 맞는 대로, 못 맞으면 못 맞는 대로 상황을 즐기면 모두가 행복입니다.
여기 계신 분들은 많은 사람들이 소망하는 신체의 건강, 마음의 건강을 다 얻으신 분들이니 정말 행복한 분들입니다.
행복은 마음먹기에 달려 있습니다.
선창 "다타호신!" 후창 "소타호심!"

## 다타호신! 소타호심!

# HAPPINESS

## 아픔도 축복이다

현장 적합도: ★★☆

도종환의 「흔들리며 피는 꽃」이라는 시를 참 좋아합니다.
"흔들리지 않고 피는 꽃이 어디 있으랴. 이 세상 그 어떤 아름다운 꽃들도 다 흔들리면서 피었나니 흔들리면서 줄기를 곧게 세웠나니 흔들리지 않고 가는 사랑이 어디 있으랴."

● ● ●

사람들은 저마다 아픔을 지니고 살아갑니다.
흔들리지 않고 피는 꽃이 없듯이 인생도 비바람을 맞고 굳세어집니다.
아프니까 청춘이고 인생입니다. 그냥 피어있는 꽃은 없습니다.
흔들리고 아파하는 것은 곧 행복을 꽃피우기 위한 몸부림이자 축복입니다.

선창 "아픔도!"  후창 "축복이다!"

## 아픔도! 축복이다!

## STORY
### 천국은 동심이다

현장 적합도: ★★☆

예수는 "천국은 어린이와 같다."라고 천국 앞에 어린이를 세워 놓고 말했다고 합니다.
동심으로 돌아가야 천국이고 행복입니다.

● ● ●

어린아이의 눈을 보십시오.
어린아이는 첫째 순수한 마음과 눈으로 세상을 봅니다. 그래서 남을 미워하거나 시기하지 않습니다.
둘째 무슨 일에나 쉽게 감동하고 자주 웃습니다. 15초 웃으면 이틀 더 오래 산다고 합니다. 어린아이는 하루에 500번 웃고 어른은 7번 밖에 웃지 않는다고 합니다.
그래서 어린아이가 어른보다 더 오래 산다고 합니다. 하하하
오늘은 순수한 동심을 술잔에 담아 건배하겠습니다.

선창 "천국은!" 후창 "동심이다!"

## 천국은! 동심이다!

## 소취하! 당취평!

**CONGRATULATION**

현장 적합도: ★★★

중국어로 '감사합니다.'를 '세세'라고 합니다.
제가 얼마 전에 중국 출장을 다녀왔는데 중국에서 유행하는 건배사 하나 알려 드리겠습니다.
"소취하, 당취평" 그럴듯하지요.
그 심오한 뜻은 '소주로 취하면 하루가 즐겁고, 당신에게 취하면 평생 즐겁다.'라고 합니다.

• • •

오늘 부장님의 생일을 축하하면서 소주에 취하고 부장님과의 뜨거운 우정에 흠뻑 취했으면 좋겠습니다. 부장님의 생일을 축하합니다!

선창 "소취하!" 후창 "당취평!"

### 소취하! 당취평!

## STORY
### 에브리데이 크리스마스!

현장 적합도: ★★★

오늘 축제의 날처럼 매일 매일 소중하고 특별한 날인 것처럼 사는 게 중요합니다. 매일 소풍 가는 기분, 크리스마스라고 생각하고 살아간다면 얼마나 설레고 행복할까요?

● ● ●

인생을 재미로 보면 즐기는 '축제'이고 억지로 해야 할 의무로 생각하면 풀어가야 할 '숙제'입니다.
인생을 재미있는 놀이터로 생각하면 인생을 즐겁고 살만한 과정이 됩니다.
우리는 태어나서 죽을 때까지 축제 한마당을 펼치고 가는 것이며 오늘 이 시간도 축제의 한 부분입니다.
오늘도 축복의 크리스마스라고 생각하고 이 순간을 즐기시길 바랍니다.

선창 "에브리데이!" 후창 "크리스마스!" 또는 "인생은!" "축제다!"

## 에브리데이! 크리스마스!
## 인생은! 축제다!

## CONGRATULATION

### 멋진 전무님 사랑합니다!

현장 적합도: ★★☆

옛말에 '용장보다는 지장, 지장보다는 덕장이 최고'라고 했는데 요즈음에는 용장, 지장, 덕장을 다 갖춘 분을 복이 있다하여 '복장'이라고 한답니다.

● ● ●

오늘 이렇게 멋진 지덕체를 다 갖추신 복장이신 전무님과 함께 한 10년이 참 행운이었다고 생각합니다. 우리 모두의 복장 전무님을 위하여 건배하겠습니다. 제가 '멋진 전무님!' 하면 다함께 '사랑합니다!' 외쳐주시기 바랍니다.

선창 "멋진 전무님!" 후창 "사랑합니다!"

**멋진 전무님! 사랑합니다!**

## STORY
## 멋진 우리를 위해 축배를 팡팡팡!

현장 적합도: ★★★

한 미술가가 있었다. 그는 작품 창작에 대한 열정이 뛰어난 사람으로 생전에 남긴 작품만 1만 3,500여점의 그림과 700여점의 조각품을 합하여 약 3만여 점에 달할 정도이다. 그가 가진 미술에 대한 애착을 충분히 미루어 짐작할 수 있다.

그의 이름은 피카소.

사는 동안 후회 없는 예술혼을 태웠던 피카소는 그는 삶의 마지막에서 그의 임종을 지켜보는 사람들을 향해 마지막으로 이렇게 얘기했습니다.

"나를 위해 축배를 드시오!"

● ● ●

후회 없이 살아온 미술의 거장 피카소의 마지막 유언이 정말 멋있습니다.

오늘 멋진 밤에 피카소처럼 후회 없이 살아온 우리 모두의 열정을 위해 축배를 드시길 바라며

선창 "멋진 우리를 위해 축배를!" 후창 "팡팡팡"

**멋진 우리를 위해 축배를! 팡팡팡!**

# 심플 스토리 건배사 23

**Best** 1,2,3,6,14,15,18

약식 모임이나 간단한 행사시에 심플하게 메시지를 전달하고자 할 경우 유용한 건배사로 품격을 유지하면서 나만의 브랜드를 연출할 수 있다.

**1.** 이 잔을 마시 전에는 저와 여러분이었습니다. 하지만 이 잔을 마시는 순간 우리는 하나가 됩니다. 우리 모두를 위하여 제가 "우리는" 하면 "하나다"로 외쳐주시기 바랍니다.

**2.** 직위의 높낮이는 있지만 정의 높낮이는 없다고 합니다. 항상 정이 넘치는 우리 모두를 위하여 제가 "정이여" 하면 "넘쳐라"로 외쳐주시기 바랍니다.

**3.** 인생을 재미로 보면 즐기는 '축제'이고 억지로 해야 할 의무로 생각하면 풀어가야 할 '숙제'라고 합니다. 오늘도 마음껏 즐기면서 제가 "인생은" 하면 "축제다"로 외쳐 주시기 바랍니다.

**4.** 건배를 하는 이유는 두 가지가 있습니다. 하나는 잔을 비우기 위해서고 두 번째는 잔을 채우기 위해서입니다. 제가 "걱정은 비우고" 하면 "기쁨은 채우자" 하고 외쳐주시기 바랍니다.

5. 미워하는 마음은 물에 새기고, 사랑과 감사하는 마음은 돌에 새기라는 말이 있습니다. 항상 사랑하며 살자는 의미로 제가 "여러분" 하면 "사랑합니다" 하고 외쳐주시기 바랍니다.

6. 나이는 숫자에 불과하다는 말이 있습니다. 나이가 주는 한계를 뛰어 넘어 새로운 것에 끊임없이 도전하자는 의미로 제가 "나이야" 하면 "가라"를 외쳐 주시기 바랍니다.

7. 행복한 사람은 모든 것을 가지고 있는 사람이 아니라, 가지고 있는 모든 것을 최고의 것으로 만드는 사람이라고 합니다. 항상 행복하자는 의미로 제가 "행복이여" 하면 "영원하라"로 외쳐 주시기 바랍니다.

8. 배우는 고통은 잠깐이지만 못 배운 고통은 평생이라고 합니다. 항상 배움에서 열정을 얻는 우리가 되자는 의미로 제가 "배움이여" 하면 "영원히"로 외쳐 주시기 바랍니다.

9. 진정한 사랑은 '내가 가진 것을 다 주고도 더 줄 것이 없는가?' 하고 찾아보는 것이라고 합니다. 우리 모두의 행복과 사랑을 위해 제가 건배제의 하겠습니다. 제가 "우리 모두의 사랑을" 하면 "영원히"로 외쳐 주시기 바랍니다.

10. 너무나 좋은 사람과 좋은 술과 좋은 자리를 함께 해서 기분이 정말 좋습니다. 기분 좋은 밤에 제가 "지화자" 하면 "좋다"로 답해주시기 바랍니다.

11. 세상에서 가장 좋은 비타민은 "열정"이라는 종합 비타민입니다. 늘 열정이 넘치는 우리가 되길 바라면서 제가 "열정을" 하면 "마시자"로 외쳐 주시기 바랍니다.

12. 젖은 자는 비를 두려워하지 않고, 열정이 있는 자는 실패를 두려워하지 않는다고 합니다. 열정만큼 좋은 것은 없습니다. 제가 "열정은" 하면 "좋은 것이여"로 외쳐주시기 바랍니다.

13. 행복하다고 말하는 동안은 정말 행복해서 마음에 맑은 샘물이 흐른다고 합니다. 늘 행복한 우리가 되기 위해 제가 "행복이여" 하면 "영원하라"로 외쳐 주시기 바랍니다.

14. 인디언들이 기우제를 지내면 반드시 비가 온다고 합니다. 그 이유는 반드시 올 거라는 믿음과 끈기가 있기 때문입니다. 항상 끈기 있게 될 때까지 하자는 의미로 제가 "될 때까지" 하면 "해보자"라고 외쳐 주시기 바랍니다.

15. 우정은 숲길과도 같아서 자주 오고 가지 않으면 그 길이 없어진다고 합니다. 우리 모두의 끈끈한 우정을 위해 제가 "우정에" 하면 "취하세"라고 외쳐 주시기 바랍니다.

16. '좌로 가나 우로 가나 운명이다. 그냥 딛고 넘어가라.'는 말이 있습니다. 운명을 딛고 도전하여 멋진 성취를 이루길 바라며 제가 "운명아!" 하면 "비켜라" 외쳐 주시기 바랍니다.

17. 행복하기로 마음먹은 만큼 행복해진다고 합니다. 오늘도 하늘만큼 땅만큼 행복이 충만하길 바라며 제가 "행복아!" 하면 "커져라"라고 외쳐 주시기 바랍니다.

18. 지금 당신 곁에 있는 사람과 자주 가는 곳과 읽고 있는 책, 이 세 가지가 당신을 말해 준다고 합니다. 멋진 분들과 함께 한 우리 모두 승승장구하길 바라며 제가 "우리 모두" 하면 "승승장구" 외쳐 주시기 바랍니다.

**19.** 성공하는 사람이란 남들이 자기에게 던진 벽돌로 든든한 기초를 쌓는 사람이라고 합니다. 역경을 기회로 생각하는 우리가 되길 바라면서 제가 "역경은" 하면 "기회다"로 외쳐 주시기 바랍니다.

**20.** '모두는 한 사람을 위해, 한 사람은 모두를 위해' 개인과 조직은 하나다. 서로 협조하고 화합하여 우리 조직에 활력을 불어 넣기 위해 건배제의 하겠습니다. 제가 "조직과 나는" 하면 "하나다"라고 외쳐 주시기 바랍니다.

**21.** '사랑합니다'와 '감사합니다'는 마법의 말이라고 합니다. 늘 감사하는 마음을 갖자는 의미로, 제가 "사랑합니다" 하면 "감사합니다"라고 외쳐 주시기 바랍니다.
— 출처: 양국진스피치아카데미

**22.** '만남은 운명이요, 관계는 노력이다!'라는 말이 있습니다. 우리는 운명처럼 만났지만 관계는 노력이 필요합니다. 오늘 이 자리를 통해 형님과 아우처럼 끈끈하게 관계를 맺는 멋진 자리가 되길 바라는 의미에서 제가 "형님 먼저" 하면 "아우 먼저"로 외쳐 주시기 바랍니다.

**23.** 오늘 이 자리에 모이신 분들은 성공의 꿈, 행복의 꿈, 부자의 꿈을 꾸는 사람입니다. 이루겠다는 의지 앞에는 그 무엇도 가로 막을 수 없습니다. 모두 꿈이 이루어지기를 소원하면서 제가 "꿈은" 하면 "이루어진다"로 외쳐 주시기 바랍니다.

# PART 4 유머 건배사

건강이 최고다 / 사랑으로 감싸주자 / 열정으로 불태우자

성공으로 꿈을 이루자 / 행복을 함께 나누자

축하합니다 / 친목으로 하나되자

멋진 인생을 위하여

# HUMOR
## 나이야! 가라!

현장 적합도: ★★★

노인들이 가장 좋아하는 폭포는 무엇일까요?
'나이야 가라'라고 합니다.

• • •

세월의 나이는 어떻게 할 수 없습니다.
그러나 본인이 느끼는 정신 연령은 낮출 수 있습니다.
나이는 제조 일자보다 유통기한이 중요한 거 아시죠? 나이보다 열정이 중요합니다.
제가 "나이야!" 하면 다함께 "가라!" 힘차게 외쳐 주시길 바랍니다.

선창 "나이야!" 후창 "가라!"

**나이야! 가라!**

**HEALTH**

### 쭉쭉! 빵빵!

현장 적합도: ★★★

"○○하면 100세까지 살 수 있다"라는 말이 있습니다.
'○○'에 뭐가 들어갈까요?
'금주, 금연, 금욕, 운동, 절제, 소식' 등을 생각하면 정답이 아닙니다.
정답은 '웬만하면' 100세 까지 살 수 있다 입니다.

– 출처: 품위유머닷컴

100세까지 사는 데 건강 장수가 제일 중요합니다.
비실비실 수명만 연장하는 것은 의미가 없습니다.
이제는 '짧고 굵게'가 아닙니다.
'길고 굵게 100세까지 쭉쭉 빵빵하게' 건강하게 오래 살자는 의미입니다.

선창 "쭉쭉!" 후창 "빵빵!"


**쭉쭉! 빵빵!**

## HUMOR
### 365! 884!

현장 적합도: ★★☆

비의 매니저를 네 자로 뭐라고 할까요?
'비만관리'라고 합니다.

• • •

오복 중에도 건강이 최고입니다.
비만은 건강의 최대 적입니다.
365일 팔팔(88)하게 사(4)시라고 건배구호를 외칩니다.

선창 "365!" 후창 "884!"

**365! 884!**

# HEALTH

## 9988! 231!

현장 적합도: ★☆☆

돈이 많은 70대 노인이 새 장가를 가게 되었는데 그 노인을 너무나 부러워하는 친구가 물었다.
"여보게 친구! 어떻게 20대 여자와 새 장가를 들게 되었나?"
"그거야 간단하지."
"내 나이를 90세라고 속였지!"

● ● ●

나이가 70세면 어떻고 90세면 어떻습니까?
99세까지 88하게 살고 병들어 2, 3일 앓다가 일(1)어 나면 됩니다.

선창 "9988!" 후창 "231!"

**9988! 231!**

## HUMOR
### 9988! 234!

현장 적합도: ★★☆

백설 공주는 무엇을 먹고 죽었을까요?
사과? 아닙니다.
'나이'먹고 죽었다고 합니다.

• • •

요즘 '9988234'의 새로운 버전이 나왔습니다.
'99세까지 88하게 살다가 병들어 2, 3일 앓다가 사망' 하는 것이 아니고,
'23세 처녀와 사(4)랑에 빠진다는 말'이라고 합니다.
우리는 세월의 나이는 먹어도 사무엘 울만의 시처럼 열정만 있으면 청춘입니다.

선창 "9988!" 후창 "234!"

## 9988! 234!

## HEALTH

### 나이 30% 세일! 젊어져서 좋다!

현장 적합도: ★★★

어느 40대 아주머니가 슈퍼에 물건을 사러갔습니다.
젊은 남자 점원이 반갑게 맞이하며 말했습니다.
"어서 오세요. 아주머니, 정말 젊고 멋있어 보여요."
기분이 좋아진 아주머니가 점원에게 말했습니다.
"어머, 그래요? 내가 몇 살 같아요?"
"30대 초반 같으세요."
"어머, 그렇게 봐주니 정말 고마워요."
그러자 남자 점원이 말했습니다.
"뭘요. 저희 가게에선 뭐든지 30% 할인해 드리잖아요."

● ● ●

요즘 동안이 대세입니다.
여기 계신 모든 분들 나이를 30% 할인하면 좋겠지요?
나이를 30% 세일하면 젊어져서 기분도 좋아집니다.

선창 "나이 30% 세일!" 후창 "젊어져서 좋다!"

## 나이 30% 세일! 젊어져서 좋다!

**HUMOR**

## 9988! 빠삐용!

현장 적합도: ★★★

아이가 태어나면 천재가 되라고 '아인슈타인 우유'를 먹이고,
초등학생이 되면 서울대 들어가라고 '서울 우유'를 먹이고,
중학생이 되면 연세대 들어가라고 '연세우유'를 먹이고,
고등학생이 되면 건국대 들어가라고 '건국우유'를 먹이고,
그러다가 고3이 되면 그저 매일매일 씩씩하고 건강하게만 자라달라고 먹이는 우유가 있답니다. 무슨 우유일까요?
'매일우유'라고 합니다.

● ● ●

인생 살다보면 명문대가 최고는 아닙니다.
건강이 최고입니다. 건강은 긍정 마인드와 규칙적인 운동이 필요합니다.
긍정 우유를 통해 건강 장수하시길 바라면서 99세까지 88하게 살고
빠지지 말고 삐치지 말고 용서하며 살자는 의미에서 '빠삐용'입니다.

선창 "9988!" 후창 "빠삐용!"

### 9988! 빠삐용!

**HEALTH**

## 장하다! 우리고장○○!

현장 적합도: ★☆☆

장수 마을을 찾아온 관광객이 안내원에게 물었습니다.
"이 부근의 기후가 장수에 적합하다고 들었는데 정말입니까?"
그러자 안내원이 대답했습니다.
"그렇습니다. 세계에서 진귀한 곳이지요. 아직 죽은 사람이 아무도 없는 곳입니다."
그때 관광객이 되물었습니다.
"그렇지는 않겠지요. 지금 마을로 들어오다가 장례행렬을 보았어요."
안내원이 대답했습니다.
"그것은 굶어 죽은 장의사의 장례행렬입니다."

● ● ●

우리 고장은 예부터 산 좋고 물 좋아 장수고을로 소문이 나있습니다.
여러분도 그 전통을 이어받아 건강 장수하시리라 믿습니다.

선창 "장하다!" 후창 "우리고장 ○○!"

## 장하다! 우리 고장 ○○!

## HUMOR
## 유통기한을! 연장하자!

현장 적합도: ★★☆

한 젊은이가 할머니에게 물었습니다.
"할머니, 올해 연세가 어떻게 되세요?"
"응, 주름살"
"할머니, 농담도 잘 하시네요. 주민등록증은 있으세요?"
"주민등록증은 없고 대신 골다공증은 있어. 호호호."
"그럼 건강은 어떠세요?"
"응, 유통기한 벌써 지났어."

– 출처: 긍정력 사전(최규상 저)

• • •

긍정으로 세상을 바라보는 할머니이기에 오래오래 사시리라 믿습니다.
중요한 건 제조일자(실제 출생 나이)가 아니고 유통기한(활동 나이)이 중요합니다.
활력 있게 살아가는 '유통기한'을 연장하는 게 행복입니다.

선창 "유통기한을!" 후창 "연장하자!"

## 유통기한을! 연장하자!

## 정말로 사랑해! 행복해!

**LOVE**

현장 적합도: ★★★

동쪽에 뜨는 해는? 동해라고 합니다.
그럼 서쪽에 떠있는 해는? 어렵지 않습니다. 서해라고 합니다.
그러면 여러분과 나, 우리 모두에게 지금 떠있는 해는?
"사랑해, 행복해입니다."

● ● ●

서로 이해하고 아껴줘서 행복감을 느끼는 이 자리에 떠 있는 해는 '사랑해'와 '행복해'가 아닌가 싶습니다.

선창 "정말로 사랑해!" 후창 "행복해!"

### 정말로 사랑해! 행복해!

## HUMOR
### 우리 모두 귀엽게! 뿌잉 뿌잉!

현장 적합도: ★★★

옛날에 '사랑해' 하고 '미안해' 하고 살았답니다.
그런데 갑자기 '미안해'가 죽자 뭐만 남았을까요?
"사랑해!"

● ● ●

미안해와 사랑해만 있으면 세상사는 맛이 날 것입니다.
우리는 모두 아끼고 의지하고 서로 사랑합시다.
귀엽고 사랑스러운 모습을 뭐라고 하신지 아시죠? 뿌잉뿌잉!

선창 "우리 모두 귀엽게!" 후창 "뿌잉뿌잉!"

### 우리 모두 귀엽게! 뿌잉뿌잉!

## 우리 우정도! 엑스라지!

**LOVE**

현장 적합도: ★★★

보통 미꾸라지보다 조금 더 큰 미꾸라지는 무엇일까요?
'미꾸엑스라지'라고 합니다.

• • •

엑스라지처럼 우리의 소망과 행복도 더 커졌으면 좋겠습니다.
옷만 엑스라지가 아니고 마음도 엑스라지. 꿈도 엑스라지. 사랑도 엑스라지. 사업 실적도 엑스라지가 되었으면 좋겠습니다.

선창 "우리 우정도!" 후창 "엑스라지!"

## 우리 우정도! 엑스라지!

## HUMOR
## 우리 만남은! 통통통!

현장 적합도: ★★★

　동네 고기들이 모두 부러워할 정도로 아주 열렬히 사랑하던 멸치부부가 있었습니다.
　그런데 어느 날 멸치부부가 바다에서 헤엄치며 다정하게 놀다가 그만 어부가 쳐놓은 그물에 걸려들었습니다. 그물 안에서 남편 멸치가 슬픈 표정을 지으며 유언을 한마디 하는데…….
　"여보! 우리 시래기국 안에서라도 다시 만납시다."

● ● ●

언제 어디서든 서로 만남이 중요합니다.
만나서 이야기 하다보면 모두 통하게 되어 있습니다.
오늘 만남도 '만사형통, 운수대통, 의사소통' 하시길 바랍니다.

선창 "우리 만남은!" 후창 "통통통!"

## 우리 만남은! 통통통!

## 사장님을! 사랑합니다!

**LOVE**

현장 적합도: ★★☆

저는 우리 회사를 좋아하지 않습니다.
또한 우리 사장님도 좋아하지 않습니다.
저는 우리 회사를 사랑하고 우리 사장님을 매우매우 사랑합니다.

● ● ●

좋아함을 넘어서 사랑해야 진정한 가족, 1등 회사가 될 수 있습니다.

선창 "사장님을!" 후창 "사랑합니다!"

## 사장님을! 사랑합니다!

## HUMOR
### I LOVE! TOGETHER!

현장 적합도: ★★☆

결혼하고 싶은 남자를 부모님께 소개하자,
부자인 부모들은 이 청년의 마음을 떠보기 위해서 물어 보았습니다.
"평생 내 딸만 사랑할 건가?"
남자가 대답했습니다.
"아닙니다!"
놀란 부모가 그 이유를 물었습니다.
"저는 따님뿐만 아니라 장인, 장모님까지 사랑하겠습니다."

• • •

저도 마찬가지로 부장님뿐만 아니라, 과장님, 사장님까지 모두 모두 사랑합니다.
사랑만이 모든 걸 감싸고 앞으로 나아갈 수 있습니다.

선창 "I LOVE!" 후창 "TOGETHER!"

## I LOVE! TOGETHER!

## 이효리 하고! 안 바꿔!

현장 적합도: ★☆☆

한 남자가 신문에 '아내 구함'이라는 광고를 게재하였습니다.
그 다음날 수백 통의 편지를 받았습니다.
그들은 모두 똑같은 말을 했습니다.
"제 아내를 데려가세요."

● ● ●

간이 큰 것을 넘어서 간이 부은 남자인가 봅니다.
지금 계신 사모님들을 끔찍이 사랑한다고 생각합니다.
너무나 멋진 사모님들을 위해서 건배하겠습니다.

선창 "이효리 하고!" 후창 "안 바꿔!"

**이효리 하고! 안 바꿔!**

# HUMOR
## 우리는! 통통통!

현장 적합도: ★☆☆

남편으로부터 '사랑해'라는 말을 정말 듣고 싶은 아내가 있었다.
그런데 남편이 표현을 안 해주니까 하루는 애교를 떨면서 이렇게 물었다.
"여보옹, 옛날에 사랑해~랑 안 사랑해~가 살았었데"
"그래서?"
"그런데 안 사랑해가 먼저 죽어 버렸다네, 그럼 누가 남았~게?"
아내는 '사랑해'라는 말을 기대했다.
그런데 남편은 이렇게 말했다.
"니, 알재 ~~"

• • •

부부간에 '사랑해'라고 말 안 해도 이심전심으로 통하듯이 여기 계신 우리 모두도 말 안 해도 다 통합니다. 서로 통하면 만사형통이 됩니다. 그래서 통통통입니다.

선창 "우리는!" 후창 "통통통!"

## 우리는! 통통통!

## 열바다가 아니라! 사랑해!

**LOVE**

현장 적합도: ★★☆

세상에서 가장 차가운 바다는? '썰렁해.'
세상에서 가장 따뜻한 바다는? '사랑해'
이런 말을 밖에서 듣고 온 아내가 남편에게 똑같이 물었습니다.
"세상에서 가장 차가운 바다는 썰렁해래요. 그럼 따뜻한 바다는 어디게요?"
남편이 답을 못하자 애교로 힌트를 주었습니다.
"으응, 당신이 나에게 해주고 싶은 말 있잖아요."
그러자 남편이 한참 생각하다가 말했습니다.
"열바다."

• • •

이렇게 조그만 차이로 '사랑해'가 '열바다'로 변할 수 있습니다.
선창 "열바다가 아니라!" 후창 "사랑해!"

### 열바다가 아니라! 사랑해!

## HUMOR
### 아이! 러브우유!

현장 적합도: ★☆☆

간 큰 상사가 부하 여직원한테 친구를 소개시켜 달라고 자꾸 졸랐습니다. 이에 지친 여직원이 물었습니다.
"부장님! 어떤 타입을 원하세요?"
"우윳빛 살결 여자라면 무조건 좋겠는데."
다음날 상사는 근사한 레스토랑에서 멋있게 빼입고 여직원의 친구를 만났습니다. 그런데 우윳빛 살결은커녕 시커멓게 그을린 얼굴이었습니다. 놀란 상사가 여직원을 구석으로 끌고 갔습니다.
"아니! 우윳빛 살결이라고 했잖아!"
"어머, 부장님! 쵸코 우유는 우유가 아닌가요? 뭐!"

• • •

제가 좋아하는 우유는 뭔지 아세요?
'아일 러브우유'
당신을 사랑한다는 말이 최고의 찬사입니다.

선창 "아이!" 후창 "러브우유!"

## 아이! 러브우유!

## 당신! 멋져!

현장 적합도: ★★☆

어느 한 부부가 부부싸움을 하다 남편이 몹시 화를 냈습니다.
"당장 나가 버려!" / "흥, 나가라고 하면 못나갈 줄 알아요!"
그런데 잠시 후 아내가 예상을 뒤엎고 집으로 들어왔습니다. 아직도 화가 풀리지 않은 남편이 소리를 질렀습니다.
"왜 다시 들어와?" / "나의 가장 소중한 것을 두고 갔어요!"
"그게 뭔데?" / "그건 바로 당신이에요!"
남편은 그만 피식 웃고 말았습니다. 그날 이후 남편은 부부싸움을 하다가도 여유 있게 웃고 말았답니다.
"우리가 부부 싸움을 하면 뭐해! 이혼을 하려해도 당신이 위자료로 나를 청구할 텐데."

● ● ●

이 세상에서 가장 소중한 신은?
짚신, 고무신이 아닌 바로 '당신'이란 말이 있습니다.
부부간에 서로가 위자료의 대상이라고 생각하면 너무너무 행복합니다.
'당당하고 신나고 멋지게 져주며 살자.' '당신 멋져!' 아시죠?

선창 "당신!" 후창 "멋져!"

## 당신! 멋져!

## HUMOR
### 그래도 와이프가! 따봉!

현장 적합도: ★☆☆

옆집 부인이 좋은 세 가지가 있다고 합니다.
우선 매일 안 봐도 된다.
마누라는 인상만 쓰지만 옆집부인은 반가워한다.
옆집부인은 나한테 아무것도 요구하지 않는다.

● ● ●

남의 떡이 커 보인다고 합니다만 그래도 그리운 건 조강지처입니다. 통계에 의하면 혼자 사는 남자보다 아내와 함께 사는 남자가 평균 수명이 더 길다고 합니다. 평균 수명을 연장시켜 주는 옆에 계신 멋진 아내를 위해 건배를 제의합니다.

선창 "그래도 와이프가!" 후창 "따봉!"

### 그래도 와이프가! 따봉!

## 항상 내 곁에서! 힘을 주라!

**LOVE**

현장 적합도: ★☆☆

오랜 연애 끝에 결혼을 한 부부가 있었습니다.

아파트를 얻어 신방을 꾸리기가 무섭게 신부는 침대 머리맡에 다음과 같은 글귀를 써 붙였습니다.

"주여, 그이가 항상 내 곁에 머물게 하여 주옵소서!"

그 글귀를 본 남편은 자신의 글귀를 적어 붙였습니다.

"주여! 제게 힘을 주소서!"

● ● ●

살다 보면 부부간에 동상이몽을 꿀 수 있습니다.

그럴 때일수록 항상 곁에서 서로에게 힘을 주는 게 중요합니다.

선창 "항상 내 곁에서!" 후창 "힘을 주라!"

## 항상 내 곁에서! 힘을 주라!

## HUMOR
### 좋은 소식만! 쭈욱 쭈욱!

현장 적합도: ★★☆

살다보면 이렇게 좋은 소식과 나쁜 소식을 접하게 됩니다.
좋은 소식    남편이 진급했다네.
나쁜 소식    근데 비서가 엄청 예쁘다네.
환장할 소식  외국으로 둘이 출장 가야 한다네.

• • •

좋은 소식만 생각하며 살아야 행복합니다.
아내들은 좋은 소식만을 기대하지만 남자들은 환장할 소식을 기대하는 것 같아요.
좋은 소식만 쭉쭉 있기를 바랍니다.

선창 "좋은 소식만!" 후창 "쭈욱 쭈욱!"

**좋은 소식만! 쭈욱 쭈욱!**

## 우리 우정도 오랫동안! 뽀글뽀글!

현장 적합도: ★★☆

미용실에 가면 아가씨는 이렇게 말합니다.
"무조건 예쁘게 해 주세요."
아줌마는 뭐라고 할까요?
"뽀글뽀글 무조건 오래 가게 해줘야 돼."

• • •

오랜 친구가 정겹고 늘 만나는 모임이 고향의 품처럼 포근합니다.
우리 우정도 아줌마 파마처럼 뽀글뽀글 오래 갔으면 좋겠습니다.

선창 "우리 우정도 오랫동안!" 후창 "뽀글뽀글!"

**우리 우정도 오랫동안! 뽀글뽀글!**

## HUMOR
### 참기름처럼! 고소하게!

현장 적합도: ★☆☆

김밥하고 참기름하고 싸웠는데 김밥만 감옥에 들어간 이유는?
참기름이 고소해서요.

● ● ●

우리 오늘 이 자리도 참기름처럼 고소한 향기가 그윽합니다.
우리 사이에 고소한 향기가 영원히 가득하길 바랍니다.

선창 "참기름처럼!" 후창 "고소하게!"

**참기름처럼! 고소하게!**

**LOVE**

## 당신! 멋져!

현장 적합도: ★★★

고무로 만든 신은? '고무신'
나무로 만든 신은? '나막신'
짚으로 만든 신은? '짚신'
그러면 나의 사랑과 관심으로 만든 신은?
'바로 당신'입니다.

— 출처: 다음카페 유머발전소

●●●

바로 당신이 사랑과 관심으로 만들어진 최고의 신입니다.
앞에 옆에 계신 멋진 최고의 당신을 위하여 건배하겠습니다.

선창 "당신!" 후창 "멋져!"

## 당신! 멋져!

**HUMOR**

## 당신은 나의! 반쪽이야!

현장 적합도: ★★★

보통 가정의 재산은 대부분 남편 명의로 되어있습니다. 한 방송프로에서 출연한 주부들에게 제시된 미션은 이랬습니다.

"남편에게 전화해서 집 명의를 자기 앞으로 해준다는 약속 받아내기"

생각보다 남자들이 쉽게 넘어가지 않아 모두 실패하고 마지막 주부가 남편에게 전화했습니다. 남편이 받자 부인이 물었습니다.

"저기 있잖아. 우리 집 누구이름으로 되어 있지?"

"내 이름으로 되어 있잖아."

"그럼 우리 차는?"

부인이 계속해서 물었습니다. 남편은 역시 자기 이름으로 되어있다고 말했습니다. 역시 이 부인도 다른 사람들처럼 실패로 끝날 듯한 분위기가 역력했습니다. 이때 마지막 남편의 대답이 방송국을 감동의 도가니로 몰아넣었습니다.

"그럼 내 것은 아무것도 없네?"라고 아내가 묻자
남편이 "내가 니꺼잖아."

● ● ●

부부는 일심동체라고 했습니다. 주머니돈이 쌈지돈이라고 부부의 돈은 한 주머니에 들어있는 돈이나 다름없습니다. 서로 이해득실을 따지지 않고 양보하며 이 험한 세상을 함께 헤쳐 나가는 것이 진정 참되고 아름다운 부부의 모습이라고 생각합니다. 오늘 참된 부부의 모습을 생각하며 건배를 제의하겠습니다.

선창 "당신은 나의" 후창 "반쪽이야"

## 당신은 나의! 반쪽이야!

## PASSOION

**우리 앞날의 진로는? 삐까번쩍!**

현장 적합도: ★★★

한 백수가 취업이 되지 않아 놀고 있는 도중에 너무 답답하여 인터넷 검색창에 이렇게 쳐 봤다.

'나 아무개의 진로는?'

그러자 나온 답은 무엇이었을까요?

'소주(ㅎㅎㅎ)'

출처: 품위유머닷컴

● ● ●

백수의 진로는 소주이지만

열정으로 뭉쳐진 우리 앞날의 진로는 승승장구하리라 믿습니다.

앞으로 보석처럼 삐까번쩍 빛나길 바라며 건배 제의하겠습니다.

선창 "우리 앞날의 진로는?"  후창 "삐까번쩍!"

**우리 앞날의 진로는! 삐까뻔쩍!**

# HUMOR
## 올 한해 우리 모두! 으랏차차!

현장 적합도: ★★★

소녀시대가 좋아하는 차는?
'제시카'
세탁소 주인이 제일 좋아하는 차는?
'구기자차'
그럼 여러분처럼 자신감 넘치는 사람이 좋아하는 차는?
'으랏차차!'

– 출처: 다음카페 유머발전소

올 한해에도 여러분들 하시는 일에 자신감이 넘쳐 사업 번창하시고 건강과 행복에도 좋은 성과 내시길 바랍니다.

선창 "올 한해 우리 모두!" 후창 "으랏차차!"

### 올 한해 우리 모두! 으랏차차!

# 쫄지마! 위풍당당!

**PASSOION**

현장 적합도: ★★★

총각김치와 동태찌개가 싸웠는데 동태찌개가 졌다고 합니다.
왜 졌을까요?
'동태찌개가 쫄아서'

● ● ●

요즈음 '쫄지마!'라는 말이 유행입니다.
무슨 일을 하든 겁 먹지 않고 용기있게 대처하는 게 중요합니다.
용기 있는 자가 미인을 얻는 다는 말도 있습니다.
목표를 향해 위풍당당하게 전진하길 바라며

선창 "쫄지마!" 후창 "위풍당당!"

## 쫄지마! 위풍당당!

part 4 _ 유머 건배사

## HUMOR
### 우리의 열정은! 못 말려!

현장 적합도: ★★★

오징어와 짱구의 차이점은?
'오징어는 말리지만 짱구는 못 말려'

●●●

오늘 여기 오기까지 여러분들의 열정과 헌신은 대단했습니다.
정말 '짱구처럼 못 말려.'였습니다.

선창 "우리의 열정은!" 후창 "못 말려!"

### 우리의 열정은! 못 말려!

## PASSOION

### 사명으로! 무장하자!

현장 적합도: ★☆☆

우리 회사를 발전시키려면 몇 명이 필요할까요?
4명이 필요하다고 합니다.
이해되시죠? 사명!

● ● ●

우리 회사도 사명만 있으면 됩니다.
각자 맡은 바 사명이 투철하였기에 이렇게 잘 나가고 있으리라 생각됩니다.

선창 "사명으로!" 후창 "무장하자!"

## 사명으로! 무장하자!

## HUMOR
### 처음처럼! 시작하자!

현장 적합도: ★★☆

어느 날, 딸이 어머니에게 떼를 쓰기 시작했습니다.
"엄마, 나 학교 안 갈래요. 가기 싫어요."
"대체 왜 그래? 이유가 뭐야?"
"애들이 나랑은 안 놀아주고 자꾸 왕따 시킨단 말이에요."
그러자 어머니가 한숨을 쉬며 타이르듯 말했습니다.
"그래도 가야지. 너는 담임선생님이잖아!"

● ● ●

우리가 간혹 생활하다 보면 이렇게 마음이 약해져 나의 역할을 망각할 때가 있습니다. 그럴 때일수록 처음으로 돌아가 새롭게 시작하는 게 좋습니다.

선창 "처음처럼!" 후창 "시작하자!"

## 처음처럼! 시작하자!

## 쨍하고 해 뜰 날! 돌아온단다!

**PASSOION**

현장 적합도: ★★★

숫자 나라가 있었는데 작은 숫자가 큰 숫자에게 형님하며 인사를 해야 했습니다.

어느 날 1.5가 2에게 인사를 안 하자 말했습니다.

"너 많이 컸다. 어디서 인사를 안 해?"

그러자 1.5가 말했습니다.

"나 어제 점 뺐다."

● ● ●

사람도 가끔 변신을 꾀해야 합니다.
쥐구멍에도 볕들 날이 있습니다. 열심히 노력하면 쨍하고 해 뜰 날이 옵니다.
조그만 점 하나만 빼면 인생이 바뀔 수도 있습니다.

선창 "쨍하고 해 뜰 날!" 후창 "돌아온단다!"

### 쨍하고 해 뜰 날! 돌아온단다!

## HUMOR
### 야구도 역전! 인생도 역전!

현장 적합도: ★☆☆

나이 지긋하신 어머니와 아들이 TV로 야구 중계를 보고 있었습니다.
야구감독이나 코치, 투수, 포수가 서로 손짓으로 신호를 주고받는 것을 보고 한마디 하셨습니다.
"저렇게 말 못하는 사람도 열심히 사는데 너도 더 열심히 살아야 되지 않겠냐?"

● ● ●

요즈음 야구 열기가 하늘을 찌르고 있습니다. 야구의 매력은 언제든지 지고 있다가도 홈런 한방으로 역전이 가능하다는 것입니다.
우리 인생도 그럴 수 있습니다.
선창 "야구도 역전!" 후창 "인생도 역전!"

### 야구도 역전! 인생도 역전!

## PASSOION

### 일단! 들이대자!

현장 적합도: ★☆☆

우리나라가 2002 월드컵을 어떻게 유치하게 되었는지 아십니까?

가수 김흥국씨가 바르셀로나에 가서 월드컵 유치위원들 앞에 가서 자신의 18번인 '호랑나비'를 불렀답니다. 그러니까 사람들이 듣다못해 "유치해, 유치해" 하고 외쳐서 유치하게 되었다고 하네요.

●●●

김흥국의 들이대(DID정신) 정신으로 일을 하면 불가능은 없습니다.
정주영 회장이 남긴 유명한 말 아시죠?
"임자가 해보기나 했어?"
일단 들이대는 정신이 필요합니다.
오늘은 술잔과 의리로 들이대길 바랍니다.
선창 "일단" 후창 "들이대자!"

## 일단! 들이대자!

## HUMOR
### 낮이나! 밤이나!

현장 적합도: ★★☆

가수 중에서 제일 야한 가수는 누군지 아세요?
'밤이면 밤마다'를 부른 인순이가 아닙니다.
'낮이나 밤이나'를 부른 가수 현숙이라고 합니다.

● ● ●

노래처럼 낮이나 밤이나 우리 회사만을 위해 헌신해 오신 여러분의 노고에 큰 감사 드립니다.

선창 "낮이나!" 후창 "밤이나!"

**낮이나! 밤이나!**

## PASSOION

### 오늘 밤도 화끈하게! 당근이지!

현장 적합도: ★★★

오이 딸과 오이 엄마가 살았는데 오이 딸이 오이 엄마에게 자기 출신이 의심스러워서 물었습니다.
"엄마 나 오이 맞아요?"
그때 엄마 대답을 듣고 딸이 기절했습니다. 왜?
"당근이지"

요즈음 젊은이들이 당연하지의 의미를 당근이지라고 표현합니다.
우리 모두 오늘밤 화끈하게 서로의 행복을 위한 멋진 한 잔 아시죠?

선창 "오늘밤도 화끈하게!" 후창 "당근이지!"

### 오늘밤도 화끈하게! 당근이지!

part 4 _ 유머 건배사

## HUMOR
### 우리의 열정도! 뜨겁다!

현장 적합도: ★★★

어느 초등학교 시험지에 이러한 문제가 출제되었습니다.
"남한 청년과 북한 처녀가 만나 결혼을 했습니다. 어떤 일들이 일어날까요?"
그런데 한 초등학생이 답안지에 급히 무언가를 썼습니다. 뭐라고 답을 썼을까요?
"뜨거운 밤이 시작된다."

● ● ●

오늘밤 우리도 사랑과 우정으로 뜨거운 밤이 시작되고 있습니다. 우리는 언제 어디서나 열심히 살아 왔듯이 오늘 술자리에서도 뜨거운 열정을 보여 주어야 합니다.
선창 "우리의 열정도!" 후창 "뜨겁다!"

### 우리의 열정도! 뜨겁다!

# PASSOION

## 우리 우정도! 쑥쑥!

현장 적합도: ★★☆

직업별 자녀 성적 올리는 방법이 있습니다.
채소가게 자식은? 쑥쑥 올린다.
구두닦이 자식은? 반짝하고 올린다.
총알택시 기사 자식은? 더블(두 배)로 올린다.

• • •

채소 가게 자녀 성적이 쑥쑥 올라가듯이 우리의 우정도, 회사 실적도 총알택시 기사 아들처럼 더블로 쑥쑥 올라가리라 확신합니다.

선창 "우리 우정도!" 후창 "쑥쑥!"

## 우리 우정도! 쑥쑥!

## HUMOR
### 제대로! 가 보자!

현장 적합도: ★★☆

우리 한국 학생들의 국민교복이라 불릴 정도로 많이 입고 다니는 등산복 브랜드 노스페이스.
왜 이렇게 우리 중고생들이 등산복을 많이 입고 다니는 걸까요?
그에 대한 독특한 해석이 하나 나왔습니다.
그것은 '한국 교육이 산으로 가고 있다는 증거'랍니다.

– 출처: 품위유머닷컴

●●●

"사공이 많으면 배가 산으로 간다"라는 속담이 있듯이 우리는 지금 지혜를 모아 제대로 가는 게 필요합니다.

선창 "제대로!" 후창 "가 보자!"

**제대로! 가 보자!**

# PASSOION

## 무슨 말 할지 알지요? 다 압니다!

현장 적합도: ★★★

작고한 원로 코미디언 배삼룡 씨가 어느 날 주례를 섰습니다.
그 주례사는 지금껏 최고의 명 주례사로 회자됩니다.
그 주례사는 단 두 문장입니다.
"어~, 내가 무슨 이야기 할 줄 알지? 그럼 됐어."

● ● ●

빼야 할 것은 뱃살만이 아니라고 합니다.
너무 열정으로 멋지게 살아 온 우리, 오늘 제 건배사도 무슨 말할지 알지요?
건배도 심플하게 하겠습니다.
선창 "무슨 말 할지 알지요?" 후창 "다 압니다"

**무슨 말 할지 알지요? 다 압니다!**

# HUMOR
## 폭죽 인생 터트려라! 팡팡팡!

현장 적합도: ★★★

늘 웃으며 살아온 스승 한 분이 숨을 거두었습니다.
그가 마지막 남긴 말은 입고 있는 옷에 손대지 말고 그대로 화장해달라는 것이었습니다. 그의 유언대로 따랐더니 갑자기 화장터 하늘에 찬란한 불꽃놀이가 펼쳐졌습니다.
고인이 주머니 속에 마지막으로 가득 넣어 둔 것은 무엇이었을까요?
'폭죽'이었습니다.

● ● ●

이렇게 인생은 폭죽처럼 불사르다가 한 점 후회 없이 가야 됩니다.
열정이 폭죽 인생을 만든다고 생각합니다.
오늘 뜨거운 밤을 위하여 건배 제의합니다.

선창 "폭죽 인생 터트려라!" 후창 "팡팡팡!"

**폭죽 인생 터트려라! 팡팡팡!**

## PASSOION

### 어의가 올 때까지! 쭈욱 마시자!

현장 적합도: ★★☆

초등학교에 다니던 딸의 통신표를 보니
몇 과목을 제외하고 모두 양, 가를 맞아 왔습니다.
엄마가 한심해서 말했습니다.
"참, 어이가 없네."
그러자 딸이 순간적으로 외치며 달아났습니다.
"어의를 들라 하라!"

● ● ●

어이가 없는 일이 생길 때 이렇게 어의가 신속하게 대처해 주네요.
우리는 조선시대 어의가 올 때까지 열정 나누며 신나게 마셔 봅시다.

선창 "어의가 올 때까지!" 후창 "쭈욱 마시자!"

## 어의가 올 때까지! 쭈욱 마시자!

## HUMOR
## 화끈하게! 원샷!

현장 적합도: ★★★

감자는 왜 검게 탔을까요?
서부 총잡이는 왜 죽었을까요?
이 두 가지의 공통된 정답은?
'늦게 빼서'입니다.

— 출처: 유머스피치아카데미

● ● ●

우리는 어떤 일을 하면서 할까 말까 망설이다가 일을 그르치는 경우가 있습니다. 할까 말까 망설이지 말고 그냥 하면 됩니다.
오늘은 마실까 말까 고민하지 말고 화끈하게 마시면 됩니다.

선창 "화끈하게!" 후창 "원샷!"

### 화끈하게! 원샷!

## 술잔은 비우고! 꿈을 채우자!

**PASSOION**

현장 적합도: ★★☆

설운도와 이덕화가 목욕탕을 갈 때 제일 먼저 벗는 것은 뭘까요?
'신발'

• • •

세상을 살아가면서 먼저 해야 될 것과 나중에 처리해야 할 우선순위가 있습니다. 일반적으로 먼저 꿈을 갖는 게 우선이지만 여기 이 자리에서는 술잔을 비우고 소중한 꿈과 끈끈한 정을 채우는 게 우선이겠지요.

선창 "술잔은 비우고!" 후창 "꿈을 채우자!"

## 술잔은 비우고! 꿈을 채우자!

## HUMOR
### 술술 잘 풀려라!

현장 적합도: ★★★

여러분과 쉬운 수학문제와의 공통점은 무얼까요?
술술 잘 풀린다.

• • •

매사에 열정으로 임해 주셔서 이렇게 멋진 성과를 내주셨습니다.
모든 일이 수학 문제처럼 술술 잘 풀리려면 여러분처럼 매사를 긍정으로 바라보는 것이 제일 중요합니다.
성공자의 99%는 긍정 마인드 소유자라고 합니다.
하시는 모든 일이 술술 잘 풀리셔서 승승장구하시길 바랍니다.

선창 "술술!" 후창 "잘 풀려라!"

### 술술! 잘 풀려라!

## SUCCESS

## 당신과! 함께라면!

현장 적합도: ★★★

    미국의 자동차 회사 포드의 창업주 헨리 포드는 초창기 회사 생활을 하면서 지하실에서 무언가를 만들며 어려운 시절을 겪고 있을 때 다른 사람들은 허송세월을 보내고 있다고 손가락질했습니다.

    그러나 그의 아내만은 "당신은 반드시 성공할 거예요. 언젠가는 당신의 꿈을 이룰 거예요. 나는 당신을 믿습니다."라고 말했습니다.

    한참 후 마침내 그는 자동차 왕으로 성공하게 되었습니다.

    어느 날 기자가 그에게 물었습니다.

    "당신은 다시 태어난다면 무엇이 되고 싶습니까?"

    "내 아내와 함께라면 무엇으로 태어나든 상관없소."

●●●

가장 맛있는 라면은 무엇일까요?
'당신과 함께라면'이라고 합니다.
당신과 함께하면 고소하고 행복합니다.
당신이 희망입니다.

선창 "당신과!" 후창 "함께라면!"

## 당신과! 함께라면!

# HUMOR
### 우리의 미래는! 삐가번쩍!

현장 적합도: ★★☆

지하철을 타고 가고 있었습니다.
"다음 역은 동대문역입니다. 내리실 문은 오른쪽입니다."
이런 식으로 안내 멘트를 해야 되는데 내릴 문을 깜박 잊어버린 승무원이 당황하여 말합니다.
"다음은 동대문역입니다. 내리실 문은 어디일까요?"
승객들이 배꼽 잡고 웃었다고 하네요.

• • •

다음에 어디에서 내릴지 예측하지 못하고 준비하지 못한다면 혼란스럽듯이 우리의 미래도 마찬가지입니다. 미리 준비하는 자만이 승리를 쟁취할 수 있습니다.

선창 "우리의 미래는!" 후창 "삐까번쩍!"

### 우리의 미래는! 삐까번쩍!

## 움켸쥐자! 우리의 꿈!

**SUCCESS**

현장 적합도: ★★☆

손가락을 영어로 뭐라고 할까요? '핑거'
손가락을 다 펴면? '다핑거'
그럼 주먹을 쥐면? '오므린거'

● ● ●

나눔은 펴고 우리의 소중한 꿈은 움켜쥐고 사는 게 중요합니다.
주먹만 세게 움켜쥐지 마시고 우리의 소중한 꿈을 먼저 생각합시다.

선창 "움켜쥐자!" 후창 "우리의 꿈!"

## 움켜쥐자! 우리의 꿈!

# HUMOR
## 파란만장! 억억억!

현장 적합도: ★★☆

길가에 만 원짜리 1장과 천 원짜리 1장이 떨어져 있습니다.
무엇을 먼저 주워야 할 까요?
정답은 '둘 다 줍는다.'입니다. 하하

● ● ●

인생에서 주워야 할 중요한 두 가지 복은 건강복과 재복이 아닌가 합니다.
특히 올해는 파란만장의 한 해가 되었으면 좋겠습니다. 파란 배추잎 만원자리 만장,
즉 1억을 벌어 멋지게 사시길 바랍니다.
여러분들 모두 돈다발이 쏟아지는 파란만장의 한 해되시길 바라며

선창 "파란만장!" 후창 "억억억!"

**파란만장! 억억억!**

## 황금보다! 지금이다!

현장 적합도: ★★☆

동네 세탁소에 옷을 맡겼는데 때가 지워지지 않았다면
이건 어떤 때일까요?
세탁소 바꿀 때!! 아닐까요?
우리가 사는 데도 때(시기)가 있습니다.
공부할 때, 잠잘 때, 쉴 때, 일할 때, 밥 먹을 때…….

– 출처: 유머스피치아카데미

세상 살아가면서 3금이 중요한데 황금, 소금보다 지금이 중요합니다.

선창 "황금보다!" 후창 "지금이다!"

### 황금보다! 지금이다!

## HUMOR
### 무한 경쟁 시대! 살아남자!

현장 적합도: ★★★

고양이가 쥐와 처절한 싸움을 하다가 그만 놓치고 말았습니다.
아슬아슬한 찰나에 쥐는 쥐구멍으로 들어가 버렸습니다.
그런데 쥐구멍에 앞에 쪼그려 앉아있던 고양이가 갑자기 '멍멍! 멍멍 멍!' 하고 짖어 댔습니다.
쥐가 궁금하여 구멍 밖으로 머리를 내미는 순간 그만 고양이의 발톱에 걸려들고 말았습니다.
의기양양하게 쥐를 물고 가며 고양이가 말했습니다.
"요즘 같은 불경기에 먹고 살려면 적어도 2개 국어 정도는 해야지."

● ● ●

전문성을 갖추어야 살아남는 시대입니다.
고양이도 2개 국어를 하는데 자기계발을 통해 자기 경쟁력을 키워 나가야 할 것 같습니다. 저도 3개 국어는 합니다.
'핸들 이빠이 꺾어!'
선창 "무한 경쟁 시대!" 후창 "살아남자!"

### 무한 경쟁 시대! 살아남자!

## SUCCESS

## 안되면! 되게 하라!

현장 적합도: ★★☆

남자는 엄청난 스트레스로 잠자기가 어려워 고민이 많았습니다.

잠자리에 들기 전에 "하면 된다! 하면 된다!"라고 마인드 컨트롤을 하였습니다.

자신에게 세뇌를 하면서 대시하려는 순간 부인도 중얼거리는 소리가 들렸습니다.

"되면 한다! 되면 한다! 되면 한다!"

●●●

군대 구호 중에 '안 되면 되게 하라.'는 말이 떠오릅니다.
정주영 회장이 '해 보기나 했어?'라는 말을 강조한 것은 시도해 보는 게 모든 걸 이루는 첫 출발이기 때문일 겁니다.
일단 들이대면 할 수 있습니다. 그런 의미에서 건배하겠습니다.

선창 "안되면!" 후창 "되게 하라!"

## 안되면! 되게 하라!

part 4 _ 유머 건배사

## HUMOR
### 멀리 가려면! 함께 가라!

현장 적합도: ★★★

김밥과 햄버거가 100미터 달리기를 했습니다.
김밥은 성큼성큼 뛰어 햄버거를 가볍게 제치고 결승 테이프를 끊었습니다. 그런데 심판이 "햄버거 승리!" 하고 외치는 것이었습니다.
김밥이 항의하자 심판이 대답했습니다.
"단무지가 아직 안 왔어!"
뒤돌아보니 김밥에서 빠진 단무지가 낑낑대며 뛰어오고 있었습니다.

– 출처: 유머메디컬센터

●●●

단무지, 시금치, 계란 등이 합쳐져 하나의 김밥이 되듯이 우리 모두 하나가 되어 달려야 목표를 이룰 수 있습니다.
'멀리 가려면 함께 가라.'는 말이 있습니다. 앞으로 우리 다함께 손잡고 더 신나게 씽씽 달려봅시다.

선창 "멀리 가려면!" 후창 "함께 가라!"
또는 선창 "우리 다함께" 후창 "더 씽씽"

### 멀리 가려면! 함께 가라!

## SUCCESS

### 뚝심으로! 흥해라 흥!

현장 적합도: ★★☆

 빌 게이츠를 능가할 정도로 세계적으로 성공한 한국인이 드디어 나왔습니다. 외국기자들이 그 사람에게 어떤 교육을 받아서 그렇게 성공한 것 같으냐고 물었습니다. 그가 대답했습니다.
 "내 성공은 공교육 때문도, 사교육 때문도 아니었습니다."
 기자들이 그럼 무슨 교육 때문이냐고 묻자 그는 가정교육 때문이라고 대답했습니다. 좀더 구체적으로 설명해달라는 요청에 대답했습니다.
 "첫째로 우리 한국인들은 어려서부터 자식 오줌 누일 때 부모들이 '쉬이~ 해라' 합니다. 이걸 들으면서 나는 어떤 힘든 일도 '어렵지 않게 쉽게' 할 수 있다는 자신감을 길렀습니다.
 둘째로 우리 한국 부모들은 아이들이 울 때 '뚝!' 하고 외칩니다. 여기서 나는 어떤 일이든 결코 울지 않고 해내는 '뚝심'을 길렀습니다.
 마지막 셋째는 우리 부모님들은 애들 코를 풀게 할 때 '흥해라 흥!' 하고 외칩니다. 이렇게 코를 풀면서까지 흥하라는 축복의 말을 들으며 자란 제가 어찌 크게 '흥' 하지 않을 수 있겠습니까?"

●●●
 우리도 일을 쉽게 하고 뚝심으로 밀고 나가면 반드시 흥하리라 확신합니다.
 선창 "뚝심으로!" 후창 "흥해라 흥!"

### 뚝심으로! 흥해라 흥!

## HUMOR
### 잡아보자! 끈끈한 정!

현장 적합도: ★★☆

시속 200km 달리는 스포츠카보다 빨리 달리는 닭이 있었습니다.
너무 신기하고 탐나서 주인에게 팔기를 원했더니 주인이 말했습니다.
"잡혀야 팔지!"

−출처: 유머스피치아카데미

● ● ●

빠른 닭처럼 잡히지 않은 것들이 많이 있습니다.
건강, 성공, 행복, 돈, 친구 등등…….
성공이란 모든 걸 이뤘을 때가 아니고 지금 행복하면 성공이라고 합니다.
오늘은 우리의 끈끈한 정만 잡았으면 좋겠습니다.

선창 "잡아보자!" 후창 "끈끈한 정!"

### 잡아보자! 끈끈한 정!

# SUCCESS

## 당신의 혈액형은? 우리 모두 이상형!

현장 적합도: ★★★

처음 만난 남과 여의 데이트! (서로 맘에 들었을 때)

남자     저기, 혈액형이 어떻게 되시죠?
여자     네, 전 O형인데요. 그쪽은 혈액형이 어떻게 되세요?
남자     아! 네, 전 당신의 이상형입니다. 하하
여자     어머, 저도 당신의 호감형인 줄 알았는데요. 호호 ^^

강의를 끝내고 나오는데 한 수강생이 강사에게 물었습니다.
"강사님! 혈액형은 뭐예요?"
"아! 저요? 저는 미인형이에요!"
남자라면 당연히 미남형이 되겠죠?

—출처: 유머발전소

---

여기 계신 모든 분들도 혈액형이 미남형, 미인형이시죠?
그래도 이상형이 최고 좋은 것 같습니다.

선창 "당신의 혈액형은?" 후창 "우리 모두 이상형!"

### 당신의 혈액형은? 우리 모두 이상형!

## HUMOR
### 우리 모두 멋지게! 오바마!

현장 적합도: ★★★

조지 부시의 유일한 관심은 전쟁이었습니다. 그래서 이라크를 '조지'고 아프가니스탄을 '부시'고 하지 않아도 될 전쟁을 하는 등 '오바'를 했던 것입니다.

국민들이 '버럭' 화를 내면서 다음 대통령은 '오바'를 하지 않는 대통령을 선출하자고 합의했고 '오바하지 마라'고 결국 누구를 선택했나요?

그래서 '오바마'를 선출한 것입니다.

• • •

어떤 일에 너무 오바하면 일을 망칩니다. '오바마' 아시죠?
오직 바라는 대로, 마음먹은 대로 하면 됩니다.

선창 "우리 모두 멋지게!" 후창 "오바마!"

**우리 모두 멋지게! 오바마!**

## HAPPINESS

### 369처럼 오늘도! 신나게!

현장 적합도: ★★★

어떤 회사 식당에 이런 문구가 붙어 있다고 합니다.
"불나면 119, 전화번호 모르면 114…….
그럼 심심할 때는?"
정답은 '369'라고 합니다. 369게임 아시죠?

– 출처: 유머발전소

● ● ●

369 게임할 때는 모든 걸 내려놓고 재미있게 임하니까 그만큼 웃고 즐겁습니다. 이제 세상을 살면서 가장 중요한 것은 인생을 게임할 때처럼 재미있게 임해야 한다는 것입니다. 직장을 놀이터라고 생각하고 인생을 기나긴 소풍이라고 여기는 새로운 발상이 필요합니다.

선창 "369처럼 오늘도!" 후창 "신나게!"

## 369처럼 오늘도! 신나게!

## HUMOR
### 근심 걱정은 빼고! 행복은 채우자!

현장 적합도: ★★★

얼마 전 한국 사람이 가장 스트레스 받는 단어로 '빼'가 뽑혔다고 합니다.
잠 자는데 '차빼!', 먹는 데 '살빼!'
그리고 집 없는 서민들에게 가장 서러운 뭐가 있을까요?
'방빼!'

● ● ●

우리는 근심 걱정은 빼고 열정과 행복은 가득 채웠으면 좋겠습니다.
선창 "근심 걱정은 빼고!" 후창 "행복은 채우자!"

### 근심 걱정은 빼고! 행복은 채우자!

## 총각! 김치!

**HAPPINESS**

현장 적합도: ★★★

춤을 잘 못 추는 사람을 무어라 할까요? '몸치'
노래를 잘 못하는 사람을 무엇이라 할까요? '음치'
길을 잘 못 찾는 사람은? '길치'

－출처: 품위유머닷컴

●●●

그럼 웃는 걸 뭐라고 할까요? '김치'라고 합니다.
웃고 사는 게 행복입니다. 행복해서 웃는 게 아니라 웃어서 행복한 겁니다.

선창 "총각!" 후창 "김치!"

## 총각! 김치!

## HUMOR
### 당신이! 명품이야!

현장 적합도: ★★★

이웃집에 다녀온 순이 엄마는 무척 속이 상했다.
이웃집 여자가 생일 선물로 남편에게 최고급 명품화장품 세트를 받았다고 자랑했기 때문이다.
순이 엄마는 남편에게 막 신경질을 부렸다.
"옆집 짱구 엄마는 생일 선물로 최고로 비싼 명품화장품 세트를 받았는데 당신은 뭐에요?"
그러자 순이 아빠가 혀를 차며 말했다.
"쯧쯧. 그 여자 참으로 불쌍한 여자구먼!"
남편의 반응에 의아한 순이 엄마가 물었다.
"아니 그 여자가 불쌍하다니 무슨 말씀이에요?"
"짱구 엄마가 당신처럼 예뻐 봐, 화장품이 뭐 필요하겠어. 당신 자체가 명품이야"

- - -

명품은 따로 있는 게 아닙니다.
자신감과 미소가 여러분을 품위 있게 만드는 명품입니다.
웃으면 명품, 웃지 않으면 짝퉁입니다.
선창 "당신이!" 후창 "명품이야!"

### 당신이! 명품이야!

## HAPPINESS

### 우리는! 기분파!

현장 적합도: ★☆☆

친구와 통화하다가 잠깐 이야기가 정치이야기로 흘렀다.
친구가 약간 과격하게 말 하길래 한마디.
"너 완전 좌파구나!"
그랬더니 이 친구 웃으면서 대답!
"난 좌파도, 우파도 아냐! …… 난 양파야!"
(ㅋㅋㅋ) 좋다. 좋아!
나는 앞으로 좌파도 우파도 양파도 아닌 '대파'가 되어볼까?
대쪽같고 대범한 사람! (ㅋㅋㅋ)
아니면 아내에게 포근한 쇼파?

출처: 다음카페 유머발전소

**· · ·**

오늘 모임에서는 좌파, 우파, 양파가 아니라 모두 다 긍정으로 즐기는 '기분파'가 되었으면 좋겠습니다.

선창 "우리는!" 후창 "기분파!"

## 우리는! 기분파!

## HUMOR
### 당신과! 함께라면!

현장 적합도: ★☆☆

가장 맛있는 라면은 무슨 라면일까요?
'신라면, 꼬꼬면'이 아닙니다.
'당신과 함께 라면'입니다.
당신과 함께라면 고소하고 행복합니다.

● ● ●

요즈음 라면에도 경쟁이 붙어 많은 라면이 출시되고 있는데 오늘 이 순간 가장 달콤한 라면은 '당신과 함께라면' '우리 모두와 함께라면'이 아닌가 싶습니다. 여기 계신 멋진 당신과 함께라면 뭐든지 해낼 수 있습니다.
멀리 가려면 당신과 함께 가야 합니다.

선창 "당신과!" 후창 "함께라면!"

### 당신과! 함께라면!

## 절대긍정이! 행복이다!

**HAPPINESS**

현장 적합도: ★★★

자녀의 성적표가 집에 도착하여 보니 체육만 '양'이고 전 과목이 '가'였습니다. 이걸 본 아빠가 말했습니다.
"너, 너무 한 과목에만 치중하는 거 아니야!"

● ● ●

긍정은 행복을 만들어 내고 부정은 깡통을 찬다는 말이 있습니다.
어지간한 50% 긍정은 안 됩니다.
100% 절대긍정이 행복을 만듭니다.

선창 "절대긍정이!" 후창 "행복이다!"

**절대긍정이! 행복이다!**

## HUMOR
### 기분이다! 백지수표!

현장 적합도: ★★☆

결혼식을 막 끝낸 신랑이 지갑을 꺼내며 주례사 비용을 물었습니다. 그러자 목사가 말했습니다.
"우리 교회에서는 비용을 따로 받지 않습니다. 다만 신부가 아름다운 만큼만 돈을 내시면 감사히 받겠습니다."
"아, 그러세요? 여기 10만 원 넣었어요. 감사합니다."
신부를 힐끗 본 목사 왈,
"거스름돈 9만 원 받아 가세요."

• • •

모두 제 눈에 안경인가 봅니다.
남들이 뭐라고 하던 자기가 보기에 예쁘면 됩니다.
여기에 계신 남편 여러분? 아내가 신부라면 주례비로 얼마를 넣으시겠습니까?
모두 다 예쁘시니까 아마 백지 수표를 넣으시겠지요.
어여쁜 아내를 위해 건배를 제의합니다.

선창 "기분이다!" 후창 "백지수표!"

### 기분이다! 백지수표!

**HAPPINESS**

## 선택하자! 좋은 소식!

현장 적합도: ★★★

    군대에서 오랫동안 전투가 벌어져 속옷을 갈아입지 못해서 많은 어려움이 있었습니다. 부대장이 병사들을 모아 놓고 말했습니다.
    "오늘 좋은 소식과 나쁜 소식을 동시에 전하겠다. 좋은 소식은 팬티를 갈아입는 것이다."
    박수갈채와 환호성이 터져 나왔습니다.
    "나쁜 소식은 옆 사람과 팬티를 바꿔 입는다! 실시!"

• • •

인생은 항상 좋은 소식과 나쁜 소식을 동시에 맞이하기도 합니다.
그래도 좋은 소식을 선택하면 항상 행복합니다.
긍정이 인생을 아름답게 만듭니다.

선창 "선택하자!" 후창 "좋은 소식!"

## 선택하자! 좋은 소식!

## HUMOR
### 멋진 인생을 위하여! 남존여비!

현장 적합도: ★★☆

가장 비싼 술은 무엇인지 아세요?
'여자 입술'
그럼 제가 제일 좋아하는 달콤한 술은?
'집사람 입술'

• • •

옆에 계신 사모님 입술을 생각하면서 러브샷을 제의합니다.
'남존여비' 아시죠?
남자의 존재 이유는 여자의 비위를 맞추는 것!
사모님의 비위를 확실하게 맞춰 봅시다.

선창 "멋진 인생을 위하여!" 후창 "남존여비!"

**멋진 인생을 위하여! 남존여비!**

## 우정과 추억이! 주룩주룩!

**HAPPINESS**

현장 적합도: ★★☆

창밖엔 지금 전국적으로 촉촉하게 비가 내리고 있습니다.
그런데 울릉도에도 비가 올까요?
울릉도에는 비가 오지 않습니다.
비는 지금 LA에서 공연 중에 있습니다.

● ● ●

창밖엔 비가 내리고 이곳엔 우정과 열정이 넘쳐 나고 있습니다.
'빗방울의 개수만큼 행복해라.'라는 말이 있습니다.

선창 "우정과 추억이!" 후창 "주룩주룩!"

## 우정과 추억이! 주룩주룩!

## HUMOR
### 멋진 당신이! 명품이야!

현장 적합도: ★★☆

비올 때 백을 머리에 쓰고 뛰면? '짝퉁'
비올 때 백을 가슴에 품고 뛰면? '명품'

남편이 사주면? '짝퉁'
애인이 사주면? '명품'

-출처: 유머발전소

●●●

우리 인생도 즐겁게 살면 명품 인생!
짜증내고 살면 짝퉁 인생!
웃으면 명품! 웃지 않으면 하품! 이라는 것 아시죠?

선창 "멋진 당신이!" 후창 "명품이야!"

## 멋진 당신이! **명품이야!**

# 당신이! 최고야!

**HAPPINESS**

현장 적합도: ★★☆

아내     집에 오면 TV만 보는 당신이 집에서 잘하는 게 뭐가 있어요?
남편     딱 하나 잘한 거 있어!
아내     그게 뭔데?
남편     당신과 결혼한 거.

● ● ●

남편의 멋진 말 한마디가 아내를 기쁘게 합니다.
결혼은 어차피 함께 바라보며 행복을 만들어 가는 과정입니다.
상대방을 최고로 만들어야 내가 최고가 됩니다.

선창 "당신이!" 후창 "최고야!"

## 당신이! 최고야!

**HUMOR**

## 오늘도 웃자! 하하하!

현장 적합도: ★★☆

    영국 선교사가 남아메리카를 개척할 때에 아마존강에 도착했는데 원주민들의 온 몸이 털로 덮여 있어 사람인지 원숭이인지 구별할 수가 없었습니다.

    그래서 본국에 연락을 하여 '원숭이와 사람 구별법을 알려 달라.' 하였습니다. 얼마 후 이러한 답변이 왔습니다.

    "웃는 놈이 사람이고, 웃지 않는 놈이 원숭이다."

- 출처: 긍정력 사전(최규상 저)

• • •

웃어야 사람이고 웃지 않으면 짐승이나 다름이 없습니다.
오늘도 사람으로 살았는지, 짐승으로 살았는지 생각해봅니다.

선창 "오늘도 웃자!" 후창 "하하하!"

**오늘도 웃자! 하하하!**

# HAPPINESS

## 우리 행복도! 셀프!

현장 적합도: ★★☆

얼마 전 야당에서 KBS가 편파보도를 한다고 KBS에 항의시위를 갔습니다. 그런데 때마침 당직자가 쉬는 날이고, 불쑥 찾아오는 바람에 대접을 받지 못했습니다. KBS가 물 한 잔 안준다고 여당 대표에게 따지기도 했습니다.

그때 야당 대변인이 말했습니다.

"여기 온지 몇 십 분이 지났는데 물 한 잔 안주고……."

그리고 이제부터 완전히 KBS를 적으로 몰겠다며 두고 보자고 소리를 고래고래 지르고 돌아갔다지요. 그리고 그 다음날 KBS방송국에 붙은 어이없는 대형 현수막!

"물은 셀프!"

・・・

물이 셀프이듯이 우리 행복도 스스로 챙겨 나가야 됩니다.
행복은 자기가 좋아하는 일을 통해서 느끼는 만족감입니다.
허지만 오늘 '술만은 셀프' 안하시길 바랍니다.

선창 "우리 행복도!" 후창 "셀프!"

## 우리 행복도! 셀프!

part 4 _ 유머 건배사

## HUMOR
### 오늘 우리 행복도! 더블!

현장 적합도: ★★★

무엇이든 넣으면 두 배로 나오는 자판기가 있었습니다. 100원을 넣으면 200원이 나오고 200원을 넣으면 400원이 나왔습니다.

그런데 어느 날 가수 이미자가 그 소문을 듣고 자기가 들어가면 어떻게 되는지 알고 싶어 직접 들어갔답니다.

그러나 이게 웬일인가! 조금 있다가 나온 것은 무엇이었을까요?

"사미자"

● ● ●

택시비만 더블이 아닙니다.
오늘 밤도 두 배 나오는 자판기처럼 행복도 두 배 넘치길 바랍니다.
선창 "오늘 우리 행복도!" 후창 "더블!"

**오늘 우리 행복도! 더블!**

## HAPPINESS

### 행복해라! 오래오래!

현장 적합도: ★☆☆

식당 골목에 여러 식당이 있었습니다.
한 집은 간판은 '국내에서 제일 맛있는 집'
다른 한집은 '세계에서 제일 맛있는 집'
그런데 제일 장사가 잘되는 집은?
그 식당의 간판은 소박하게 이렇게 씌어져 있었다고 합니다.
'이 골목에서 제일 맛있는 집'

● ● ●

지금 이 순간 제일 맛있는 이 집에서, 이 세상에서 제일 행복한 사람들인 여러분과 함께 하고 있습니다. 일상의 작은 행복은 이렇게 좋은 사람 만나 맛있는 음식을 먹는 것일 겁니다. 지금 이 순간만큼은 우리가 최고인거 같습니다.

선창 "행복해라!" 후창 "오래오래!"

**행복해라! 오래오래!**

## HUMOR
### 축하합니다! 일식씨!

현장 적합도: ★★★

하루에 한 끼도 집에서 식사를 하지 않으면 '영식님'이라는 존칭이 붙습니다.
하루에 한 끼만 밥을 먹으면 '일식씨'라고 부릅니다.
집에서 두 끼를 먹으면 '이식군'으로 격하됩니다.
그럼 하루 세 끼 다 집에서 해결하면 뭐라고 부를까요?
'삼식이 세끼'가 되고 만다고 합니다.

● ● ●

여러분은 어디에 해당됩니까?
오늘은 다행히도 우리 모두 삼식이 세끼는 면하였으니 행복합니다.
아침만 집에서 해결하였으니 오늘은 모두 최고는 아니지만 2등급 일식씨 됨을 축하 축하합니다.

선창 "축하합니다!" 후창 "일식씨!"

**축하합니다! 일식씨!**

## 내숭은 뚝! 마시자 쭈욱!

**HAPPINESS**

현장 적합도: ★★☆

50세가 넘으면 여성에게 꼭 필요한 네 가지는?
돈, 건강, 친구, 딸이라고 합니다.
그럼 필요 없는 한 가지는 무엇일까요?
그것은 '남편'이라고 합니다.

●●●

우스개로 만들어 낸 말이지만 여기 계신 남자분들은 참 서운하시죠.
하지만 오늘 이 순간 꼭 필요한 것은 끈끈한 우정으로 하나 되어 취하는 것이고, 필요 없는 것은 술 못 마신다고 내숭 떠는 것이라 생각됩니다.
선창 "내숭은 뚝!" 후창 "마시자 쭈욱!"

### 내숭은 뚝! 마시자 쭈욱!

**HUMOR**
## 함께 웃자! 하하하!

현장 적합도: ★★★

학교 수업 시간에 선생님이 칠판에 글씨를 쓰는데 엉덩이 바지가 찢어져서 학생들이 그것을 보고 킥킥! 웃기 시작하였습니다.

선생님은 영문도 모르고 웃는 학생들을 쳐다보며 큰 소리로 이렇게 외쳤습니다.

"웃는 놈보다 웃기는 놈이 더 나빠!"

●●●
우리는 웃는 사람이든 웃기는 사람이든 모두가 다 소중합니다.
낙하산과 얼굴의 공통점은 펴져야 산다는 것입니다.

선창 "함께 웃자!" 후창 "하하하!"

## 함께 웃자! 하하하!

## HAPPINESS

**우리는! 행복덩어리!**

현장 적합도: ★☆☆

남편이란 존재는 이래저래 '애물덩어리!'
집에 두고 오면 '근심덩어리'
같이 나오면 '짐덩어리'
혼자 내보내면 '걱정덩어리'
마주 앉아 있으면 '웬수덩어리'

● ● ●

그런데 오늘만큼은 웬수덩어리인 남편과 러브샷을 하면서 서로 간에 행복덩어리를 만들어 보면 어떨까요?

선창 "우리는!" 후창 "행복덩어리!"

**우리는! 행복덩어리!**

## HUMOR
### 두리 뭉실! 오래오래!

현장 적합도: ★★☆

결혼을 앞둔 손녀가 할머니에게 물었습니다.
"할머니, 다시 태어나신다면 할아버지와 또다시 결혼하실 거예요?"
할머니는 망설임 없이 대답했습니다.
"오냐, 그럴 것이다."
손녀는 할머니의 대답에 존경스러움을 느꼈다.
"할머니는 할아버지에 대한 사랑이 정말 깊으신가 봐요."
그러자 할머니가 말했다.
"살다보면 다 그놈이 그놈이여. 그러니까 아무래도 길들여진 놈이 좀 낫겠지."

● ● ●

인생살이가 다 한마음으로 끝까지 살기는 어려운 가 봅니다.
우리 직장에서도 크고 작은 일로 서운한 일이 있더라도, 서로 이해하고 협력해서 뭉쳤기에 가족 같은 분위기를 만들었지 않았나 싶습니다.
살다보면 다 그놈이 그놈이어서 다 비슷합니다. 이해하며 살아갑시다.

선창 "두리 뭉실!" 후창 "오래오래!"

**두리 뭉실! 오래오래!**

## 건강도 굿샷! 멋지게 원샷!

**HAPPINESS**

현장 적합도: ★☆☆

사장이 골프를 치러 갔는데 샷이 잘못되었습니다. 뒤따르던 부하직원이 괜찮다고 '노 프러블럼!' 하자, 뒤따르던 조폭들은 무슨 말인지 잘 몰라 '높아부러!'라 외쳤습니다. 또 샷이 잘되어 부하들이 '굿샷!' 하자 사장이 '리얼리?'라고 응수했습니다. 뒤에 따라오던 조폭들은 똑같은 상황에서 '굿샷' 하자 조폭 두목이 뭐라고 했을까요?

'릴리리?'

● ● ●

칭찬은 칭찬으로 응수해줘야 좋습니다.
기분 좋은 밤에 정말로 건강과 행복이 가득하시길 바랍니다.
선창 "건강도 굿샷!" 후창 "멋지게 원샷!"

### 건강도 굿샷! 멋지게 원샷!

# HUMOR
## 한 잔 술에! 우하하!

현장 적합도: ★★★

'우물쭈물하다가 내 이럴 줄 알았지.'
영국의 극작가 버나드 쇼의 묘비명입니다.
자신의 묘비명에 남기고 싶은 말도 많았을 텐데 그는 덧없는 인간사를 이렇듯 솔직하게 털어놓았습니다.
개그맨 김미화의 묘비명은 뭔지 아세요?
"웃다가 자빠졌네."

•••

하루하루 순간순간을 우물쭈물하면서 세월을 헛되이 보내고 있는 우리들에게 경종을 울려 주는 묘비명입니다. 그런데 개그맨 김미화의 묘비명도 마음에 와 닿습니다. 어떤 철학자가 말한 "인생이란 태어나서 죽는 과정에 웃다 가는 것"이라는 말과 통합니다. 오늘도 한 잔 술에 웃음을 담아 봅시다. '우하하!'는 '우리는 하늘아래 하나'를 의미합니다.

선창 "한 잔 술에!" 후창 "우하하!"

## 한 잔 술에! 우하하!

**HAPPINESS**

## 정은 채우고! 술잔은 비우자!

현장 적합도: ★★☆

정치인과 불판의 공통점은 무엇일까요?
'자주 갈아 줘야 한다.'
술잔과 쓰레기통의 공통점은?
'자주 비워줘야 한다.'

● ● ●

우리 마음도 쓸데없는 욕심을 비워줘야 행복하고 술잔은 비우고 돌아야 정이 돈독해집니다.

선창 "정은 채우고!" 후창 "술잔은 비우자!"

### 정은 채우고! 술잔은 비우자!

## HUMOR
### 이뤄보자! 부귀영화!

현장 적합도: ★★★

탤런트 전원주씨가 사는 주택을 뭐라고 하는지 아세요?
'전원주택'
그럼 영화감독 정지영을 좋아하는데 이 분이 이런 영화를 만들면 관중 3,000만 명은 동원되어 대박이 날 거 같아요.
영화 제목이 뭔지 아세요?
'부귀영화'

– 출처: 유머발전소

• • •

우리 모두의 꿈은 건강과 부귀영화가 아닌가 싶습니다.
그 멋진 꿈을 가슴속에 그리면서 건배하겠습니다.

선창 "이뤄보자!" 후창 "부귀영화!"

### 이뤄보자! 부귀영화!

## 우리의 만남은! 축복이야!

**HAPPINESS**

현장 적합도: ★★☆

할아버지들이 모여 있는 공원 앞으로 초미니스커트를 입은 아가씨가 지나가자 다들 한마디씩 했습니다.
"정말 말세야, 저런 치마를 입다니."
"요즘 것들은 참, 예의도 없어."
"아이고, 빨리 죽어야지. 그래야 저런 꼴을 안 보지."
그런데 한 할아버지만 조용히 앉아서 아가씨를 바라보자 옆에 있던 할아버지가 물었습니다.
"자네는 어떻게 생각해?"
그러자 할아버지가 웃으면서 대답했다.
"나? 나야 뭐, 그냥 고마울 뿐이지 뭐. 하하."

•••

세상을 긍정으로 바라보면 모든 게 아름답고 축복입니다.
긍정은 축복을 낳고 부정은 깡통을 찬다는 말이 있습니다.
오늘 우리의 만남은 고마움이고 축복이라고 생각합니다.

선창 "우리의 만남은!" 후창 "축복이야!"

### 우리의 만남은! 축복이야!

## HUMOR
### 잘 나가자! 쭈욱 쭈욱!

현장 적합도: ★★★

여러분과 가출청소년과의 공통점은 무엇일까요?
'잘 나간다'는 것입니다.

● ● ●

**축하합니다. 쭉쭉 잘 나가시는 부장님 승진!**
여러분도 부장님처럼 소망 하시는 모든 일이 쭉쭉 잘 나가길 바랍니다.

선창 "잘 나가자!" 후창 "쭈욱 쭈욱!"

### 잘 나가자! 쭈욱 쭈욱!

**CONGRATULATION**

## 우리는 항상! 빵긋 빵긋!

현장 적합도: ★★☆

어느 날 기상청 직원 단합대회가 있었는데,
하필 그날 비가 왔다네요.

● ● ●

기상청도 간혹 못 맞추는 요즈음 날씨입니다.
하지만 우리는 항상 지성이면 감천이라고 하늘이 도와서
화창한 날에 멋지게 행사를 마무리했습니다.
우리는 항상 오늘 날씨처럼 화창합니다.

선창 "우리는 항상!" 후창 "빵긋 빵긋!"

## 우리는 항상! 빵긋 빵긋!

**HUMOR**

## 오늘은 부장님이 왕이다! 팡팡팡!

현장 적합도: ★★★

왕과 우의정이 세상 물정을 알아보려고 평민 행세를 하고 돌아다녔습니다. 한참을 돌아다니다가 날이 어두워지자 주막으로 갔습니다.
소스라치게 놀란 우의정이 왕에게 말했습니다.
"마마, 들켰사옵니다."
"무슨 소린가?"
우의정은 주막 기둥에 적혀 있는 글을 가리켰다.
'손님은 왕이다!'

●●●

오늘의 주인공이신 부장님이 왕입니다.
부장님의 승진(생일)을 축하하면서 '팡팡팡' 하고 축포를 쏴주시기 바랍니다.
선창 "오늘은 부장님이 왕이다!" 후창 "팡팡팡!"

**오늘은 부장님이 왕이다! 팡팡팡!**

## 거시기처럼! 살아가자!

**CONGRATULATION**

현장 적합도: ★☆☆

점잖은 집안에 최근 시집 온 셋째 며느리가 말을 함부로 해 가족 모두가 불안했습니다. 마침 시아버지 환갑잔치가 벌어져 삼형제 부부가 절을 하고 덕담을 합니다.

| | |
|---|---|
| 큰며느리 | 아버님, 학처럼 사십시오. |
| 시아버지 | 허허, 그게 무슨 말인고? |
| 큰며느리 | 학은 200년 산다고 합니다. 오래오래 사십시오. |
| 둘째 며느리 | 거북이처럼 사십시오. 거북이는 500년을 산다고 합니다. |
| 셋째 며느리 | 아버님, 거시기처럼만 사십시오. |
| 시아버지 | (당황한 나머지) 그게 무슨 해괴한 소리냐? |
| 며느리 | 아버님, 세상에 뭐니 뭐니 해도 죽었다가 다시 살아나는 것은 거시기 뿐인가 하옵니다. |

● ● ●

축하합니다!
항상 학처럼 거북이처럼 사시길 바랍니다.
선창 "거시기처럼" 후창 "살아가자!"

## 거시기처럼! 살아가자!

## HUMOR
### 만사! OK바리!

현장 적합도: ★★☆

'OK SK'는 유명한 모 대기업 광고 문구다.
이 대기업에 입사 지원했던 청년의 실화.
최종 면접시험에서 면접관이 이 청년에게 물었다.
"자네 OK하면 무슨 생각이 나나?"
보통 이 물음에 'SK'라든지 'YES'가 생각난다고 대답하는 것이 일반적인데 이 청년은 이렇게 대답했다고 합니다.
"오케바리요."
(면접장에 있는 모든 사람들이 뒤집어졌고 합격했다.)

출처: 품위유머닷컴

• • •

여러분들이 하시는 모든 일 만사 OK 되길 기원하며 건배하겠습니다.

선창 "만사" 후창 "OK바리"

## 만사! OK바리!

# CONGRATULATION

## 우리는 무슨 중! 생일 축하중!

현장 적합도: ★☆☆

무언가 찾고 있는 중학교는? '탐색중'
건물을 짓고 있는 중학교는? '건설중'
생활지도 잘하는 중학교는? '단속중'

● ● ●

그러면 이렇게 술 마시며 소통하고 공감을 나누는 중학교는? '화합중'
또 화합을 통해 앞으로 나아가는 우리 회사와 같은 중학교는? 계속 '전진중'
우리는 지금 술 마시는 중, 생일 축하중.

선창 "우리는 무슨 중!" 후창 "생일 축하중!"

### 우리는 무슨 중! 생일 축하중!

# HUMOR

## 묻어 있네요! 끈끈한 우정!

현장 적합도: ★★☆

어떤 사람이 식당에서 말했습니다.
"아가씨! 얼굴에 뭐 묻어 있어요."
당황한 아가씨가 얼굴을 손으로 가리며 물었습니다.
"뭐가요?"
"아름다움이……."

● ● ●

여기에 계신 모든 분들의 얼굴에도 뭐가 묻어 있네요.
뭐가 묻어 있을까요? 멋진 매력과 끈끈한 우정이 묻어 있네요.

선창 "묻어 있네요!" 후창 "끈끈한 우정!"

## 묻어 있네요! 끈끈한 우정!

## 앗싸! 가오리!

**CONGRATULATION**

현장 적합도: ★☆☆

돈 버는 능력은 없지만 집에 틀어 앉아 살림은 잘하는 전업주부는? '집오리'
전문직에 종사하며 안정적 수입이 있는 아내는? '청둥오리'
부동산, 주식투자 등으로 남편보다 돈을 더 벌어오는 아내는? '황금오리'
남편이 벌어다 주는 돈 다 쓰고도 모자라 돈 더 벌어오라고 호통만 치는 아내는? '탐관오리'
모든 재산을 사이비종교에 헌납한 아내는? '주께 가오리'
돈 많이 드는 병에 걸리고도 명까지 긴 아내는? '어찌 하오리'
돈 많이 벌어 놓고 일찍 죽은 아내는? '앗싸 가오리'

• • •

집오리보다는 돈 벌어오는 황금 오리가 좋을 것 같습니다.
그래도 농담이지만 앗싸 가오리가 제일 좋겠지요?
우리는 최고 기분 좋을 때 '앗싸 가오리'라고 합니다.
오늘은 축제의 날!! 지금 최고 기분 좋은 상황을 위하여 건배하겠습니다.

선창 "앗싸!" 후창 "가오리"

## 앗싸! 가오리!

## HUMOR
### 당신의 뜻이라면! 따르겠습니다!

현장 적합도: ★★★

어떤 할아버지가 버스를 탔는데 버스가 급정거하는 바람에 앞에 서 있던 할머니가 할아버지에게 쓰러졌습니다.
그러자 할아버지가 외쳤습니다.
"신이시여, 저를 시험하시나이까?"
잠시 후 또 버스가 급정거하는 바람에 이번엔 아리따운 아가씨가 할아버지에게 쓰러졌습니다.
할아버지가 더욱 큰 소리로 외쳤습니다.
"신이시여, 당신의 뜻이라면 따르겠나이다."

● ● ●

오늘 너무 화기애애하고 기분 좋은 축복의 날에 저도 할아버지처럼 여러분의 간절한 뜻이라면 기꺼이 따르겠습니다.

선창 "당신의 뜻이라면" 후창 "따르겠습니다!"

### 당신의 뜻이라면! 따르겠습니다!

# CONGRATULATION

## 에브리데이! 해피 버스데이!

현장 적합도: ★☆☆

어느 지독한 구두쇠 가족이 있었습니다. 늘 간장만 놓고 먹고 사는데 하루는 막내가 불만을 얘기했습니다.
"아버지!"
"왜 그러느냐"
"(볼멘 목소리로) 형은 오늘 간장을 두 번이나 찍어 먹었어요."
"나둬라~."
"오늘은 형 생일이잖니."

● ● ●

옛날에는 이렇게 자린고비 정신으로 살았던 시절이 있었습니다.
오늘은 마음껏 드시길 바라면서 항상 '에브리데이 버스데이'라고 생각하면 행복이 넘칩니다.

선창 "에브리데이!" 후창 "해피 버스데이!"

## 에브리데이! 해피 버스데이!

## HUMOR
### 아름다운 추억을! 남기자!

현장 적합도: ★★☆

사람은 죽어서 이름을 남기고, 호랑이는 죽어서 가죽을 남깁니다.
그러면 통닭은 무엇을 남길까요?
정답은 '쿠폰'입니다.
그러면 돼지는 죽어서 무엇을 남길까? '순대'

● ● ●

하찮은 통닭도 쿠폰을 남기고 갑니다.
오늘 축하의 날에 우리 모두 끈끈한 우정과 아름다운 추억을 남기고 갔으면 좋겠습니다.

선창 "아름다운 추억을!" 후창 "남기자!"

**아름다운 추억을! 남기자!**

## FRIENDSHIP

### 말 안 해도 알지?

현장 적합도: ★★★

한 아줌마가 동네 슈퍼에 들러 물건을 사가지고 나가는데 키우던 앵무새 한 마리가 놀려댔습니다.
"아줌마 못생겼다."
다음날에도 앵무새가 그 아줌마를 놀려댔습니다.
"아줌마 정말 못생겼다."
그러기에 슈퍼 주인에게 그런 말 못하도록 하라고 따졌습니다. 그 다음날 주인에게 교육을 받은 앵무새는 물건을 사가지고 가는 그 아줌마를 보자마자 이렇게 말했다고 합니다.
"아줌마, 말 안 해도 알지?"

●●●

앵무새가 아줌마에게 말 안 해도 이심전심으로 다 통하듯이, 우리 모두는 사랑으로, 끈끈한 우정으로 다 통하는 한 가족이나 다름없습니다. 그러기에 오늘 분위기도 형님과 동생이 한 데 어우러지는 멋진 분위기가 되어 가고 있습니다.

선창 "말 안 해도!" 후창 "알지!"

### 말 안 해도! 알지!

## HUMOR
### 추억만 남기고! 철수!

현장 적합도: ★★★

어부들이 제일 싫어하는 가수는 누구일까요?
'배철수'라고 합니다.
그럼 어부들이 제일 좋아하는 교수는 누구일까요?
'안철수'라고 합니다.

— 출처: 품위유머닷컴

● ● ●

그 이유는 아시죠?
배가 철수 안해야 고기를 많이 잡으니까요.
오늘 연수(교육) 마지막 날, 멋지게 마무리하고 철수합시다.
하지만 우리의 아름다운 추억과 열정만은 가슴속에 남아 있습니다.
이 기간 동안의 멋진 추억들 가슴 속에 깊이 간직합니다.

선창 "추억만 남기고!" 후창 "철수!"

**추억만 남기고! 철수!**

## 계란처럼! 둥글둥글!

**FRIENDSHIP**

현장 적합도: ★★★

삶은 무엇일까요?
삶은 '계란'이라고 합니다.

● ● ●

삶은 계란처럼 둥글둥글 모나지 않게 지내고, '줄탁동시'라는 말처럼 새끼와 어미닭이 안팎에서 껍질을 서로 쪼아야 병아리가 탄생하듯이 우리 모두 둥글둥글 서로 돕고 웃으면서 살아갑시다.

선창 "계란처럼!" 후창 "둥글둥글!"

### 계란처럼! 둥글둥글!

**HUMOR**

## 우정으로! 취하세!

현장 적합도: ★★☆

목사와 총알택시 기사가 죽어서 하느님 앞에 서게 되었습니다.

목사는 내심 그동안 목회 활동을 열심히 했으므로 칭찬을 많이 들을 것이라고 생각하여 잔뜩 기대하고 있었습니다.

그런데 하느님은 택시 기사만 계속 칭찬했습니다.

"(볼멘 목소리로) 하느님, 저는 그동안 목회 활동도 열심히 했는데 어찌하여 택시 기사만 칭찬을 하십니까?"

그러자 하느님이 말했습니다.

"그대는 사람들을 잠들게 했지만 총알택시 기사는 사람들을 기도하게 했기 때문이니라."

●●●

오늘 술자리에서는 옆 친구가 술잔이 비워져서 기도하는 일이 없도록 각별히 신경 써 주시길 바라면서 총알택시 기사도 기도하게 만들어 칭찬 받았는데 우리는 화끈한 원샷으로 칭찬 받는 모두가 되었으면 좋겠습니다.

선창 "우정으로!" 후창 "취하세!"

### 우정으로! 취하세!

## 화합으로! 승부하자!

**FRIENDSHIP**

현장 적합도: ★★★

종갓집 며느리가 드디어 아들을 출산했습니다.

산후조리가 끝나갈 무렵 어느 날, 며느리는 시어머니가 손자에게 젖을 물리고 있는 광경을 목격했습니다. 너무 어이가 없어서 남편에게 이 사실을 말했지만 남편은 아내의 말을 무시했습니다.

며느리는 너무 화가 나서 여성 상담소에 전화를 걸어 하소연을 했습니다. 며느리의 하소연을 듣고 있던 상담사는 딱 한마디 조언을 했습니다.

"맛으로 승부하세요."

● ● ●

맛으로 승부하듯이 관계가 중시되는 네트워크의 시대에는 화합으로 승부해야 한다고 생각합니다. 화합이 최고입니다.

선창 "화합으로!" 후창 "승부하자!"

**화합으로! 승부하자!**

## HUMOR
### 마음으로! 통통통!

현장 적합도: ★☆☆

어떤 여자가 하느님께 100살까지 살게 해달라고 간절히 기도했습니다. 하느님이 그 소원을 들어주었습니다.

100세 수명을 보장받은 이 여자는 예쁘게 살려고 큰돈을 들여 완벽하게 성형수술을 했습니다. 그런데 다음날 이 여자는 교통사고로 죽게 되었습니다.

죽어서 하느님을 만난 여자는 하느님께 따졌습니다.

"100살까지 살게 해준다고 하셨잖아요."

하느님께서는 이렇게 말씀하셨습니다.

"야! 너인 줄 몰랐다."

• • •

성형수술보다 더 중요한 건 서로 마음으로 소통하는 마음 수술이 더 중요합니다. 서로 이해하고 공감하여 함께하는 마음으로 통하는 멋진 한잔을 권하고 싶습니다. 마음으로 통하는 '통통통'이 중요합니다. 마음으로 화끈하게 통하길 바라며

선창 "마음으로!" 후창 "통통통!"

### 마음으로! 통통통!

## 개봉하자! 술과 기쁜 우리 마음!

**FRIENDSHIP**

현장 적합도: ★★☆

어느 첩첩 산골에 할머니 한 분이 있었습니다. 어느 날 이 할머니가 장의사를 찾아가 오래 살 수 없을 것 같으니 묘비에 적어 달라고 했습니다.
"처녀로 태어나 처녀로 살다 처녀로 죽다."
과연 얼마 후 이 할머니는 세상을 떠나셨습니다.
장의사가 석수(石手)에게 비문을 불러 주며 새겨 달라하였습니다.
"처녀로 태어나 처녀로 살다 처녀로 죽다."
그런데 이 석수는 무척 게으른 사람으로, 퇴근할 때가 되었는데 새기려니 비문이 너무 길어 퇴근이 늦어질 것 같아 머리를 써서 단 다섯 글자로 줄였습니다.
과연 이 석수가 다섯 글자로 무어라 적었을까요?
"미개봉 반납."

●●●

처녀 할머니는 미개봉 반납했지만 우리는 오늘 분위기가 너무 좋아 소주와 맥주는 많이 개봉해야겠지요. 미개봉 반납하면 주인이 욕해요.
술과 함께 우리의 서로를 위하는 진정한 마음을 개봉하길 바랍니다.

선창 "개봉하자" 후창 "술과 기쁜 우리 마음!"

### 개봉하자! 술과 기쁜 우리 마음!

**HUMOR**

## 계속 마시자! 삑삑!

현장 적합도: ★★☆

시내버스의 부저가 고장 났습니다.
한 할머니가 하차하려고 조용히 운전수에게 가서 딱 한마디 했습니다. 뭐라고 했을까요?
"삑~!"

● ● ●

이렇게 술을 마시다 보면 술잔을 다 비웠는데도 모른 체하는 분이 있습니다.
이럴 땐 '삑~' 하고 소리 질러 주세요. 우정의 목마름 소리입니다.

선창 "계속 마시자!" 후창 "삑삑!"

### 계속 마시자! 삑삑!

## FRIENDSHIP

### 에브리바디! 노틀카!

현장 적합도: ★★☆

어느 날 동네 목욕탕에 가서 옷을 벗고 있는데 군인 둘이 들어왔습니다. 하나는 이등병이고 하나는 병장이었습니다. 병장은 덩치가 엄청 크고 이등병은 체격이 왜소했습니다.

샤워를 한 후 병장이 말했습니다.

"야, 등 좀 밀어라! 끝나면 나도 밀어 줄게."

졸병은 힘에 겨워하면서 병장의 등을 정성스럽게 밀었습니다. 다 끝나자 병장이 졸병에게 돌아서라고 한 후 때수건을 등에 대고 말했습니다.

"좌우로 움직여!"

•••

엄격한 규율이 지배하는 군대 시절의 추억이 생각납니다.
오늘 분위기 무르익어 가는데 군대식으로 한잔 했으면 합니다.
'에브리바디!' 하면 놓지도 말고 트림도 하지 말고 다 마신 후 캬! 하지도 말고 원샷 하라는 의미에서 '노틀카!'입니다.

선창 "에브리바디!" 후창 "노틀카!"

### 에브리바디! 노틀카!

**HUMOR**

## 비빔밥처럼! 뭉치자!

현장 적합도: ★☆☆

전주비빔밥보다 더 신선한 비빔밥은 무엇일까요?
'이번 주 비빔밥'이라고 합니다.

● ● ●

비빔밥의 의미는 밥과 나물, 고추장이 한 데 어우러져 독특한 맛을 낸다는 것입니다. 그와 마찬가지로 우리도 임원진 그리고 선후배, 동료 직원이 조화를 이루어 잘 나가고 있습니다.

선창 "비빔밥처럼!" 후창 "뭉치자!"

## 비빔밥처럼! 뭉치자!

## FRIENDSHIP

### 끈끈한 정으로 만족하자!

현장 적합도: ★★★

첫 번째 선생이 말했습니다.
"수업만 없으면 선생도 할 만하지."
두 번째 선생이 말했습니다.
"개학만 없으면 선생도 할 만해."
세 번째 선생이 말했습니다.
"선생도 할 만해, 학생만 없으면."

– 출처: 품위유머닷컴

●●●

야근만 없으면 직장생활 할 만합니다. 또 큰 업무만 없으면, 회의만 없으면 직장생활 할 만합니다. 오늘 이 모임에서는 술 사양만 없으면 화기애애한 분위기가 될 것 같습니다.

선창 "끈끈한 정으로!" 후창 "만족하자!"

## 끈끈한 정으로! 만족하자!

## HUMOR
### 우리 모두! 빠삐용!

현장 적합도: ★★☆

은퇴후엔 네 개의 대학에 다닌다고 합니다.
1년차는 하버드대(하루 종일 바쁘게 드나든다.)
2년차는 하와이대(하루 종일 와이프 옆에 붙어 있다.)
3년차는 동경대(동네 경로당)
4년차는 방콕대(방에 콕 박혀 있다.)

● ● ●

진정한 행복은 자신이 하고 싶은 일을 하면서 남들과 조화롭게 지내는 것이라고 합니다.
은퇴 후에도 방콕하지 마시고 운동도 하고 봉사활동도 하고 때로는 이렇게 모임활동을 통해서 활력을 되찾는 것도 좋은 방법입니다. 모임에 '빠지지 말고 삐치지 말고 용서하며 살자'는 '빠삐용'이란 말이 있습니다.

선창 "우리 모두!" 후창 "빠삐용!"

### 우리 모두! 빠삐용!

## FRIENDSHIP

## 노틀카! 완샷!

현장 적합도: ★★☆

어느 시골마을에 60년이 넘도록 함께 해로한 할아버지와 할머니가 살고 있었습니다. 그런데 이 두 분은 언제부턴가 하루가 멀다 하고 매일 주도권 전쟁을 하느라 부부싸움을 벌였는데 언제나 할머니의 승리로 끝났습니다. 그러다보니 할아버지는 어떻게든 죽기 전에 할머니에게 한번 이겨보는 게 소원이었습니다. 그래서 할아버지는 궁리 끝에 할머니한테 내기 시합을 제안했습니다.

내용인즉, '오줌 멀리 싸기'였습니다. 할머니는 흔쾌히 '오줌 멀리 싸기' 시합을 승낙했습니다. 그리곤 바로 시합이 시작되었는데 그 결과는 또 할머니의 승리로 끝나고 말았습니다. 당연히 '오줌 멀리 싸기'라면 남자가 이기는 것이 상식인데……. 그러나 그 의외의 결과는 시합 전 할머니의 단 한마디 조건 때문이었습니다. 그 조건은 바로……,

"영감! 손대기 없기요~."

### •••

시합은 이렇게 끝까지 해봐야 압니다.
오늘 이렇게 화기애애한 이 자리에 할머니처럼 조건을 하나 걸어야겠습니다.
중간에 자르기 없기, 쭈욱 완전히 비우기, '완샷'입니다. 아시겠지요?

선창 "노틀카(놓지 말고 틀지 말고 카 하지 말기)!" 후창 "완샷!"

## 노틀카! 완샷!

## HUMOR
### 어명이오! 피할 수 없으면 즐겨라!

현장 적합도: ★★★

조선 시대 어떤 왕이 채신머리없이 매일 낮술을 마셨습니다. 성격이 대쪽 같은 이조판서가 즉시 상소를 올렸습니다.

"상감마마, 체통을 생각하셔서 제발 매일 낮술 드시는 것만은 그만 두시옵소서."

그러자 왕이 이조판서를 불러 말했습니다.

"얼마나 맛이 있는지 아시오? 이조판서도 집에 가서 낮술 한 잔 하시구려."

이 말을 듣고 이조판서가 집으로 돌아와서 자기도 대낮부터 술을 마셨습니다. 그러자 판서부인이 화를 냈습니다.

"대감, 체통을 지키세요."

부인의 말에 이조판서는 근엄한 표정으로 말했습니다.

"어명이오!"

● ● ●

오늘도 멋진 사람, 좋은 만남, 멋진 분위기 속에 쭈욱! 한잔 좋으시죠?
화기애애한 분위기 속에서 감히 제가 어명을 내리겠습니다.

선창 "어명이오!" 후창 "피할 수 없으면 즐겨라!"
또는 선창 "어명이오!" 후창 "해피 투게더!"

### 어명이오! 피할 수 없으면 즐겨라!

## 에브리바디! 원샷!

**FRIENDSHIP**

현장 적합도: ★☆☆

    장희빈이 숙종에게서 사약을 받고 어명을 받들어 바로 마셔야 되는데 숙종에게 사약을 보이며 물었습니다.
"이게 진정 전하의 마음이시옵니까? 마마! 사약을 마시라고 하명한 것이 마마의 뜻인가요?"
"아니다!"
왕이 답하자, '그러면 그렇지.'라고 생각하고 물었다.
"진정, 마마의 뜻이 무엇이온지요?"
숙종은 두 눈을 지그시 감고 한참을 생각하더니 이렇게 말했습니다.
"내 마음은 그 사약그릇 밑에 적어 놓았느니라."
    한 가닥의 희망을 잡았다고 생각한 장희빈은 얼른 그릇 밑을 보았습니다. 그 글자를 본 장희빈은 사약을 마시기도 전에 입에 거품을 물고 죽어버렸습니다. 사약 그릇 밑에는 이렇게 적혀 있었습니다.
'원샷!'

●●●

장희빈은 결국 놀라서 심장마비로 죽었다고 하네요. '원샷'은 애주가들의 헌법입니다. 그 헌법을 지켜주시라는 의미에서 건배하겠습니다.

선창 "에브리바디!" 후창 "원샷!"

### 에브리바디! 원샷!

## HUMOR
### 술잔과 꿈이 통하라! 터치! 터치! 터치!

현장 적합도: ★★★

스마트폰과 건배의 공통점은 무엇일까요?
'터치'를 해야 한다는 점입니다.

• • •

오늘 서로 술잔만 터치하는 게 아니라 마음과 마음이 터치되고, 나아가 우리의 꿈과 소망이 함께 터치되는 멋진 자리가 되길 바랍니다.

선창 "술잔과 꿈이 통하라!" 후창 "터치! 터치! 터치!"

**술잔과 꿈이 통하라! 터치! 터치! 터치!**

# FRIENDSHIP

## 우정은! 채우고! 욕심은! 비우고! 추억만! 남기자!

현장 적합도: ★★★

술잔과 헛된 욕심과의 공통점은 무엇일까요?
'비워야 좋다'는 것이지요.

● ● ●

어리석은 사람은 채우는 데 급급하지만 현명한 사람은 비우는 데 치중한다고 합니다. 그렇지만 오늘만은 술잔에 우정은 가득 채우고 헛된 욕심은 비우고 아름다운 추억만 남기시길 바라면서 건배하겠습니다.

선창 "우정은!" 후창 "채우고!"
선창 "욕심은!" 후창 "비우고!"
선창 "추억만!" 후창 "남기자!"

## 우정은! 채우고! 욕심은! 비우고! 추억만! 남기자!

part 4 _유머 건배사

## HUMOR
### 외모는! 20대! 술 실력은! 무한대!

현장 적합도: ★★★

어느 회사에 신입 사원이 첫 출근을 하자, 상관인 여자 부장이 짓궂은 질문을 하였습니다.
"제 나이가 몇 살쯤 되는 것 같아요?"
갑작스러운 질문에 신입사원은 당황했습니다.
신입사원이 어떻게 대답할까 주저하였습니다.
"괜찮아요. 대충 이야기 해 보세요."
그러자 신입사원은 말했습니다.
"조금 헷갈리는데요. 외모로 봐서는 20대 같고, 지혜로운 면을 보면 40대인 것 같은데요."

• • •

여기 계신 여러분들도 외모는 20대, 지혜는 40대, 술 실력은 무한대가 아닐까요? 긍정으로 세상을 바라보면 모든 것이 아름답습니다.

선창 "외모는!" 후창 "20대!"
선창 "술 실력은!" 후창 "무한대!"
또는 선창 "마시자!" 후창 "젊음을!"

### 외모는! 20대! 술 실력은! 무한대!

## FRIENDSHIP

### 멋진 한 잔! 줄을 서시오!

현장 적합도: ★★★

어떤 남자가 시골 동네를 지나가는데 상여가 나가고 그 상여 뒤에는 한 남자가 개를 끌고 가고 그 뒤로 남자들이 길게 줄을 서서 따라가고 있었습니다.

너무 이상해서 개를 끌고 가는 남자에게 물었습니다.

"누가 죽었습니까?"

"제 아내가 이 개에 물려 죽었습니다."

"저어, 이 개를 좀 빌릴 수 없겠습니까?"

"저기 뒤에 가서 줄을 서시오."

● ● ●

조금 황당한 유머지만, 우리는 살아가면서 좋은 일에만 줄을 서야 합니다.
오늘은 정담을 나누고 술잔을 권하는 데 서로 서로 '줄을 서시오' 하실 정도로 소통과 화합의 장이 되시길 바랍니다.

선창 "멋진 한 잔!" 후창 "줄을 서시오!"

### 멋진 한 잔! 줄을 서시오!

**HUMOR**

## 우정은 나누고! 근심은 미루자!

현장 적합도: ★★★

메뚜기가 길을 가다 어떤 하루살이에게 시비를 걸었습니다. 그렇지 않아도 기분이 좋지 않던 하루살이는 메뚜기한테 실컷 욕을 해댔습니다. 그러자 열 받은 메뚜기가 하루살이를 몹시 두들겨 패버렸습니다.

집으로 돌아간 하루살이는 형에게 복수해 달라고 부탁했습니다. 하루살이 형은 자기 부하 5,000마리를 데리고 메뚜기한테 갔습니다. 하루살이는 메뚜기를 중심으로 뻥 둘러싼 뒤 결투를 신청했습니다.

'헉! 1대 5,000이라니!'

승부에 가망이 없다고 판단한 메뚜기가 고민 끝에 말문을 열었습니다.

"승부는 내일로 미루자!"

오늘 뜻깊은 만남에 우정의 술잔은 나누고 근심 걱정은 내일로 미루면 좋겠습니다.

선창 "우정은 나누고!" 후창 "근심은 미루자!"

## 우정은 나누고! 근심은 미루자!

# WONDERFUL LIFE

## 당신이! 희망이다!

현장 적합도: ★★★

개그맨 김병만과 여러분과의 공통점은 무엇일까요?
'달인'이라는 점입니다.

● ● ●

여러분도 '업무 추진의 달인'이 되셔서 오늘 이렇게 큰 성과를 올리게 되었습니다.
여기 계신 모든 분들이 우리 회사의 희망입니다.

선창 **"당신이!"** 후창 **"희망이다!"**

## 교감을! 잘하자!

현장 적합도: ★☆☆

교감선생님과 바람둥이의 공통점은?
'교감을 잘한다'는 점입니다.

● ● ●

21세기는 소통의 시대라고 합니다.
상호간의 소통과 교감이 모든 걸 좌우합니다.
오늘은 정담과 술로 교감을 나누는 멋진 자리가 되길 바랍니다.

선창 **"교감을!"** 후창 **"잘하자!"** 또는 선창 **"소통이!"** 후창 **"최고다!"**

part 4 _ 유머 건배사  219

## HUMOR

### 영감아! 넘쳐라!

현장 적합도: ★☆☆

혼자 사는 할머니와 성공하지 못한 예술가의 공통점은?
'영감이 없다'는 것입니다.

• • •

영감이 없으면 할머니도 외롭고 저희들도 살아가는 데 어려움이 많습니다.
여러분들은 영감이 넘치시기에 좋은 성과를 올리고 있으리라 믿습니다.

선창 **"영감아!"** 후창 **"넘쳐라!"**


### 우리모두! 기대 만땅!

현장 적합도: ★★☆

로또복권과 여러분들과의 공통점은 무엇일까요?
모두가 기대가 큰 '대박주'라는 것이죠.

• • •

현재보다는 미래가 중요합니다.
우리 모두는 가능성이 있습니다.
꿈을 꾸면 이루어집니다.

선창 **"우리 모두!"** 후창 **"기대 만땅!"**

## WONDERFUL LIFE

### 열정으로! 고고!

현장 적합도: ★☆☆

아인쉬타인과 여러분 그리고 밥을 많이 먹는 사람의 공통점은?
'위대하다'는 것입니다.

● ● ●

오늘에 이르기까지 열정을 다해주신 여러분들이 위대하신 분들입니다.
그 열정으로 계속 전진하시길 바랍니다.

선창 "**열정으로!**" 후창 "**고고!**"


### 우리 모두 머리에서 발끝까지! 사랑스러워!

현장 적합도: ★★☆

장미꽃과 강아지 그리고 여러분과의 공통점은?
'사랑스럽다'는 것입니다.

● ● ●

사랑보다 아름다운 것은 없습니다.
사랑은 꽃보다 아름답습니다.

선창 "**우리 모두 머리에서 발끝까지!**" 후창 "**사랑스러워!**"

## HUMOR
### 정이여! 철철 넘쳐라!

현장 적합도: ★★☆

온돌방과 친구 그리고 여러분들과의 공통점은?
'정이 넘친다'는 것입니다.

• • •

우리 모두 사랑과 우정으로 정이 샘물처럼 넘쳐나고 있습니다.

선창 "**정이여!**" 후창 "**철철 넘쳐라!**"

### 의리로! 뭉치자!

현장 적합도: ★☆☆

안중근 의사와 여러분과의 공통점은?
'의리가 넘친다'는 것입니다.

• • •

사나이는 의리에 살고 죽습니다.
끝까지 뭉쳐 봅시다.

선창 "**의리로!**" 후창 "**뭉치자!**"

## WONDERFUL LIFE

### 다같이! 뿌잉 뿌잉!

현장 적합도: ★☆☆

가수 소녀시대와 여러분들과의 공통점은?
'애교가 넘친다'는 것입니다.

● ● ●

애교도 사랑의 또 다른 표현입니다.
애교가 행복을 만들어 갑니다.

선창 "**다같이!**" 후창 "**뿌잉 뿌잉!**"

### 피할 수 없으면! 즐겨라!

현장 적합도: ★★★

개그맨 유재석과 여러분과의 공통점은?
'즐기며 산다'는 것입니다.

● ● ●

아는 자보다 좋아하는 자, 좋아하는 자보다 즐기는 자가 최고입니다. 즐기는 자가 인생의 승리자입니다.
오늘 술자리도 소풍 나온 것처럼 동심으로 즐기시길 바랍니다.

선창 "**피할 수 없으면!**" 후창 "**즐겨라!**"
또는 선창 "**소풍처럼!**" 후창 "**즐기자!**"

## HUMOR
### 오늘도! 기분 업업!

현장 적합도: ★★☆

무한도전 노홍철과 여러분과의 공통점은?
'기분이 업업!'되고 있다는 점이죠.

• • •

100% 절대 긍정이 행복을 낳습니다.

선창 **"오늘도!"** 후창 **"기분 업업!"**


### 오늘도! 아자 아자!

현장 적합도: ★★☆

강호동과 붐 그리고 여러분과의 공통점은?
'활력이 넘친다'는 점입니다.

• • •

돌고래처럼 생기 넘치는 여러분의 모습이 너무 좋습니다.

선창 **"오늘도!"** 후창 **"아자 아자!"**

## WONDERFUL LIFE

### 무한! 도전!

현장 적합도: ★★☆

현대 정주영 회장과 개그맨 유재석 그리고 여러분들과의 공통점은?
'도전정신'이 뛰어나다는 것입니다.
DID(들이대)정신으로.

● ● ●

무엇이든 도전해야 성취할 수 있습니다. 인생은 도전하는 자의 것입니다.

선창 **"무한!"** 후창 **"도전!"**

### 바꾸자! 다 바꾸자!

현장 적합도: ★★☆

삼성 이건희 회장과 여러분과의 공통점은?
'자식과 마누라 빼고 다 바꿔라'
변화와 혁신입니다.

● ● ●

시대 흐름에 빨리 적응하고 변화해야 살아남습니다.

선창 **"바꾸자!"** 후창 **"다 바꾸자!"**

## HUMOR

### 에버! 그린!

현장 적합도: ★☆☆

소나무와 사철나무, 그리고 여러분과의 공통점은?
'늘 푸르다'는 점입니다.

● ● ●

늘 푸른 소나무처럼 여러분도 싱그러운 삶 되길 바랍니다.

선창 "**에버!**" 후창 "**그린!**"


### 당신이! 희망이다!

현장 적합도: ★★★

등대와 여러분과의 공통점은?
'희망이 넘친다'는 점입니다.

● ● ●

우리는 서로가 서로에게 희망이 되고 있습니다.
'당신을 만나면 더 멋진 사람이 되고 싶어진다'는 말 아시죠?

선창 "**당신이!**" 후창 "**희망이다!**"

**WONDERFUL LIFE**

## 배워서! 남 주자!

현장 적합도: ★★☆

키 큰 사람과 교수의 공통점은?
'학문(항문)이 높다'는 것입니다.

●●●

배움의 길은 끝이 없습니다. 열심히 배워서 남에게 도움을 줘야 복이 찾아옵니다.

선창 "**배워서!**" 후창 "**남 주자!**"


## 오뚝이처럼! 일어서자!

현장 적합도: ★★☆

오뚝이와 복싱선수 홍수환과 우리와의 공통점은?
'반드시 일어난다'는 것입니다.

●●●

오뚝이처럼 일어나는 4전 5기(4번 넘어졌다 5번째 일어남)가 우리에게 필요합니다. 오늘의 시련이 내일의 기쁨을 만들 것입니다.

선창 "**오뚝이처럼!**" 후창 "**일어서자!**"

## HUMOR
### 우리는! 스마트!

현장 적합도: ★☆☆

스마트 폰과 여러분의 공통점은?
'영리하다.'는 것입니다.

● ● ●

슬기롭게 사는 여러분이 자랑스럽습니다.

선창 "**우리는!**" 후창 "**스마트!**"

### 다시 한 번! 뛰어보자!

현장 적합도: ★★☆

닳아진 구두 굽과 우리와의 공통점은?
'열심히 뛰어왔다'는 것입니다.

● ● ●

오늘의 성과는 여러분의 뜨거운 열정 때문입니다.
앞만 보고 열심히 뛰어온 여러분이 자랑스럽습니다.

선창 "**다시 한 번!**" 후창 "**뛰어보자!**"

**WONDERFUL LIFE**

## 끝까지! 가보자!

현장 적합도: ★★☆

내비게이션과 확실한 꿈, 그리고 여러분과의 공통점은?
내비게이션은 목표 지점을 향해서 '끝까지 도전한다.'는 점입니다.

● ● ●

확실한 꿈도 마찬가지로 인생을 목표 지점으로 리드해 나갑니다.
중요한 것은 내비게이션처럼 끝까지 가보는 것입니다.

선창 **"끝까지!"** 후창 **"가보자!"**


## 날리자! 역전 한 방!

현장 적합도: ★★☆

야구선수 이승엽 선수와 여러분과의 공통점은?
'역전 한 방'을 노리는 것입니다.

● ● ●

지금 좀 어렵더라도 끈기로 버티면 역전승을 이끌어 낼 수 있습니다.
마지막 웃는 자가 최후의 승리자입니다.
훗날 여러분들과 이 자리에서 승리의 축배를 들고 싶습니다.

선창 **"날리자!"** 후창 **"역전 한 방!"**

part 4 _ 유머 건배사

## HUMOR
### 지성이면! 맨유간다!

현장 적합도: ★★☆

박지성선수와 여러분과의 공통점은?
'지성이 넘친다'는 것입니다.

• • •

'지성이면 ○○○○'라는 말이 있습니다. ○○○○는 무엇일까요? '맨유 간다'입니다.
정성을 다하면 뭐든지 다 할 수 있습니다.

선창 **"지성이면!"** 후창 **"맨유 간다!"**


### 날마다! 승승장구!

현장 적합도: ★★☆

탤런트 김승우와 여러분과의 공통점은?
'승승장구(KBS 프로그램)'한다는 점입니다.

• • •

지금까지 열정으로 잘 해왔듯이 계속 승승장구를 바랍니다.

선창 **"날마다!"** 후창 **"승승장구!"**

# WONDERFUL LIFE

## 끈질기게! 고고!

현장 적합도: ★★☆

수입산 쇠고기와 우리와의 공통점은?
'질기다'는 점입니다.

• • •

끈질기게 될 때까지 하면 불가능은 없습니다.
바보처럼 우직하게 전진하길 바랍니다.

선창 "**끈질기게!**" 후창 "**고고!**"

## 꿈을 갖고! 비상하자!

현장 적합도: ★★★

갈매기와 우리와의 공통점은?
'꿈을 갖고 비상한다.'는 점입니다.

• • •

꿈을 갖는 순간 새로운 인생이 시작됩니다.
간절한 꿈이 우리를 목적지에 도달하게 합니다.

선창 "**꿈을 갖고!**" 후창 "**비상하자!**"

## 참고문헌

『긍정력 사전』, 최규상 저, 작은 씨앗, 2010.
『3분만에 행복해 지는 유머긍정력』, 최규상 저, 작은 씨앗. 2011.
『스토리 건배사』, 김미경 저, 21세기북스. 2010.
『복을 부르는 유머건배사』, 이상준 저, OPINITY, 2012.
「실용 스피치」, 양국진스피치리더십센터.
품위유머닷컴(www.opinity.co.kr)
유머발전소(cafe.daum.net/nowhumor)
유머메디컬센터(cafe.daum.net/hmedicalcenter)
유머스피치아카데미(cafe.daum.net/humor-academy)

## 이황근 대표 직접 특강
## 유머/비전 아카데미 교육프로그램

♣ 유쾌한 유머 특강
　대상 : 직장인, 주부, 연수생, CEO, 임원
　내용 : 유머로 즐거운 세상 바라보기
　　　　유머 자기 소개법
　　　　유머 스피치 기법

♣ 웃음/행복/편경영 특강
　대상 : 직장인, 주부, CEO, 일반인
　내용 : 웃음으로 건강 인생 만들기
　　　　성공과 행복의 기준 설정하기
　　　　편경영으로 즐거운 직장 만들기

♣ 비전 리더십 특강
　대상 : 청소년, 대학생, 직장인
　내용 : 비전 정립으로 인생 좌표 세우기
　　　　꿈 리스트 작성과 행동 목표 수립
　　　　비전 선포로 꿈 실천 극대화

♣ 변화 리더십 특강
　대상 : 직장인, 주부, CEO
　내용 : 변화에 적응하는 셀프리더십
　　　　서번트 리더십
　　　　리더는 Reader

♣ 유머 건배사 특강
　대상 : 직장인, CEO, 임원, 실무자
　내용 : 단계별 맞춤형 멋진 건배 요령
　　　　나만의 창의적 건배사 만들기
　　　　최신 삼행시 건배사
　　　　명품 스토리 건배사
　　　　고품격 유머 건배사

이메일 : keunae2000@hanmail.net
휴대폰 : 010-7312-8767

대한민국 술자리
건배의 달인 교과서

# 대통령건배사

초판 1쇄  2012년 7월 10일
초판 2쇄  2012년 9월 20일

지은이  이황근
발행인  김재홍
교정교열  류정보
책임편집  권다원, 이은주, 이현주
마케팅  이연실

발행처  도서출판 지식공감
등록번호  제396-2012-000018호
주소  경기도 고양시 일산동구 견달산로225번길 112
전화  031-901-9300
팩스  031-902-0089
홈페이지  www.bookdaum.com
전자우편  book@bookdaum.com

가격  13,000원
ISBN  978-89-968332-5-3  03320

ⓒ 이황근, 2012, Printed in Korea.

- 이 책은 저작권법에 따라 보호받는 저작물이므로 무단전재와 무단복제를 금지하며, 이 책 내용의 전부 또는 일부를 이용하려면 반드시 저작권자와 도서출판 지식공감의 서면 동의를 받아야 합니다.
- 파본이나 잘못된 책은 구입처에서 교환해 드립니다.
- '지식공감 지식기부실천' 도서출판 지식공감은 창립일로부터 모든 발행 도서의 2%를 '지식기부실천'으로 조성하여 전국 중·고등학교 도서관에 기부를 실천합니다. 도서출판 지식공감의 모든 발행 도서는 2%의 기부실천을 계속할 것입니다.